전교 꼴찌,
270일 만에
의대생이 된
공부 비법

동기부여의 힘으로 0.1% 가능성에 도전하다

전교 꼴찌, 270일 만에 의대생이 된 공부 비법

김현수 지음

Booksgo

'무조건 하면 된다'는
더 이상 통하지 않는다

'과연 내 이야기가 책으로 낼 만큼 특별한 경험일까?'라는 생각 때문에 이 책의 집필에 들어가기 전 많은 고민을 했다. 그러나 유튜브를 통해서 많은 사람들과 소통하고 피드백을 받으며 '270일간의 나의 이야기'가 결코 흔한 학습 성공담은 아니라는 것을 알게 되었다. 이 270일간의 구체적인 과정을 궁금해 하는 많은 유튜브 구독자를 위해, 혹은 지난 시간의 나처럼 꿈을 갖고도 고민만 하며 막연한 답을 찾고 있을 사람들에게, 그 답을 찾는데 조금이나마 도움이 될 수 있길 바라는 마음으로 집필을 결심하게 되었다.

본격적으로 나의 이야기를 시작하기에 앞서, 나에 대해서 혹은 이 책의 내용에 대해서 오해할 수 있는 몇 가지를 말해두고자 한다.

첫 번째, 많은 사람들이 과거의 나를 '전교 꼴찌'라는 단어 때문인지 '비행 청소년' 혹은 '막나가는 학생' 정도로 학업에 불성실한 학생이었을 것으로 판단하는 경향이 있는 것 같다. 물론 전교 꼴찌를 할 정도의 학생이라면 대체로 공부 이외의 것들에 관심을 갖고 생활하는 경우가 대부분이었던 것 같긴 하다.

그러나 나는 그렇지 않았다. 친구들이 기억하는 나의 모습은 활발하면서도 비교적 성실하게 의자에 앉아있었고, 야간 자율 학습 출석률 또한 높았으며 수업 태도까지 모범적이었다. 이렇게 성실하게 학교생활을 하고 교내 활동에도 적극적으로 참여해서인지 실제로 다른 반의 잘 모르는 친구들은 나를 전교 2~30등 정도의 우등생으로 기억하는 경우도 있다. 그러나 나는 고등학교 3년 동안 전 과목을 통 털어서 1학년 1학기에 단 한 번, 그것도 단 한 과목에서만 1등급을 받은 것이 전부이다. 그리고 고3 때 수학 전교 꼴찌!

두 번째, 짧은 기간에 급격히 성적을 올렸으니 종종 나를 '천재'라고 하시는 분들이 많다. 그러나 3년 내내 의자에 앉아 항상 무언가를 풀고 있던 성실한 고등학생이었음에도 불구하고 '전교 꼴찌'를 하게 된 것 자체가 내가 천재가 아니라는 완벽한 반증이 아닐까라고 생각한다. 재수 때 이뤄낸 큰 성적 변화는 결코 좋은 머리로 인한 것이 아니라 처절한 노력에 의한 것이었음은 책을 읽다보면 자연스럽게 알게 될 것이다.

이 책은 '막나가는 학생' 혹은 '천재'가 아닌 '평범한 학생, 김현수'의 경험을 기록한 것이다. 평범한 모든 사람들이라면 누구나 가능한 이야기임을 잊지 말아주길 바란다.

세 번째, 공부를 하려는 마음만 있다면 '무조건 열심히 하면 된다.'라는 오해이다. 결과부터 말하자면, 공부는 '무조건' 하면 안 된다. 미안한 얘기지만 나는 여러분에게 '무조건 열심히 하면 된다.'는 혹은 '꿈을 이루게 될 거라'는 희망적인 메시지를 건넬 마음은 추호도 없다. 오히려 그런 생각에 대해 잔인할 만큼 냉정한 현실을 깨닫게 해주고 싶다.

아무리 지금 최하위권이어도 '열심히 하면 됩니다.'라고 말하면 독자들에게 희망을 주고 박수를 받을 수 있을지 모르지만, 그것은 내가 경험한 사실과 전혀 다르기 때문에 내 기준에서는 사기를 치는 것이나 다름이 없다고 생각한다. 기존에 공부를 잘 하던 학생들이 시험을 잘 보고 대학을 잘 가는 게 너무나도 당연하고 실제로 그것이 현실이다. 공부를 굉장히 못하다가 단기간에 갑자기 실력과 점수가 오를 확률은 극도로 미미하다. 일단 나는 의대에 진학한지 수년이 지났음에도 아직까지 나 정도로 점수향상을 이뤄낸 학생을 단 한 명도 보지 못했다. 0.1%? 어쩌면 그보다 더 적은 확률일 수도 있다.

여러분이 읽게 될 이야기는 그 0.1% 미만의 확률에 대한 이야기이다. '우연히 이루어진 성공' 또는 '하면 된다.'는 막연한 희망을 갖고 책을 읽는다면 전혀 도움을 받지 못할 것이다. 오히려 괜한 희망을 품게 해서 여러분의 귀한 시간을 낭비하게 하는 건 아닐지 걱정스럽다.

부디 '기적적인 성적 향상'이라는 결과가 아닌 '0.1% 미만의 확률 안에 들기 위한 노력'의 과정이 어떤 것인지에 초점을 맞추며 읽어주길 바란다.

누군가는 나의 입시 결과를 두고 '기적'이라고 부른다. 이 책을 읽는 독자들도 그 '기적'의 주인공이 되고 싶은 사람이 많을 것이다.

지금부터 나의 '기적으로 가는 첫 걸음부터 결승선을 통과해 이 자리에 오기까지의 이야기'가 여러분이 원하는 꿈을 이루기 위한 '기적으로 가는 첫 걸음'을 내딛는 계기가 되기를 바란다.

의대생 김현수

CONTENTS

3부

한 단계 도약을 위한 도전

4부

효율적인 공부법은 따로 있다

1 부

나를 먼저 알아야
제대로 공부가 된다

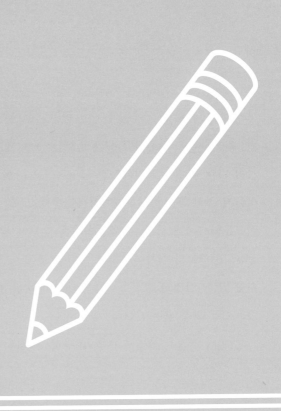

지극히 평범하고 평범한 학생

나는 대전의 초등학교와 일반 중학교·고등학교를 졸업한 특별할 것 없는 평범한 학생이었다. 중학교를 다닐 때는 일반적인 청소년들처럼 미래에 대해 막연하지만 긍정적이고 야심찬 꿈을 갖고 있었다. 그래서 상산고등학교나 민족사관고등학교 혹은 과학고등학교·외국어고등학교에 입학할 수 있으리라는 무모한 생각을 했었다. 실제로 상산고등학교의 입학설명회를 듣기 위해 부모님과 함께 전주까지 가기도 했다. 설명회 참석만으로도 내가 특별하고 멋있게 느껴졌고 나의 미래는 밝을 것만 같았다.

그러나 현실은 어두운 사춘기! 중학교 1학년 2학기 즈음부터 시작되어 중학교를 졸업할 때까지 공부에 흥미를 갖지 못했고 친구들과 어울리는 것에만 주로 신경썼다. 부모님의 걱정스런 말씀에는 신경질적으로 반항했고 성실성을 요구하는 학교와 선생님들께는 다양한 거짓말을 준비해서 열거하는 인상으로 시간을 보냈다.

그렇게 방황하던 3년은 빠르게 지나서 어느덧 중학교 졸업식 날이 되었다. 당연히 나와 같은 위치에서 늘 함께할 줄 알았던 친구들이 나를 남겨두고 상을 받으러 무대 위에 올라갔다. 또한 그들은 과학고등학교 · 외국어고등학교 등에 진학하여 밝은 미래로 다가가고 있는 듯했다. 나는 인지도가 낮은 신생학교로 배정 발표를 받은 터라 부모님이 큰 걱정을 하고 계셨는데, 졸업식날 화려하게 빛나는 친구들을 보며 걱정과 쓸쓸함을 함께 느끼셨을 것 같다. 얻은 것보다는 잃은 것이 많았던 3년간의 중학교 생활은 그렇게 허무하게 마무리되었다.

고등학교 '예비소집일' 날 받은 '겨울방학 숙제'는 개학일까지 3주 정도 되는 기간 동안 국어, 영어, 수학의 중학교 범위 문제들을 풀고 풀이를 써서 내는 것이었다. 중학교 때 한심하게 허송세월을 보내는 나를 지켜 봐오신 아버지께서는 더 이상은 지켜 볼 수 만은 없었는지, 친한 친구 분 중 학원을 운영하시는 분께 연락을 드렸다.

아버지가 하신 부탁은 단 한 가지, '현수를 학원에 묶어두고 겨울 방학 숙제라도 할 수 있게 도와달라.'였다. 그리고 그 부탁은 철저하게 지켜졌다. 나는 방학동안 매일 오후부터 저녁 이후까지 학원에 갔고 겨울방학 숙제 문제집을 열심히 풀었다. 이렇게 반복하다 보니 책에 있는 문제는 답뿐만 아니라 풀이까지 외울 정도가 되었다.

고등학교 '반배치고사'는 교실간 학력차가 심하게 나는 것을 막기위해 학교에서 준비한 문제들로 시험을 보고, 해당 시험의 점수대로학생들을 반에 배치하기 위한 시험이다. 시험이 시작되자마자 시험지를 훑어봤는데, 아니 이게 웬일인가. 대부분의 문제가 겨울방학 숙제로 내줬던 문제집에 있는 문제였다.

대부분의 학생들이 겨울방학 숙제를 잘 안 해오다 보니 학생들의성실함을 평가하려고 한 의도였는지는 몰라도, 지난 3주 동안 그 책만주구장창 풀어서 풀이까지 외우고 있던 나에게는 시험이 어려울 수가없었다. 초등학교 이후로 시험 문제가 쉬운 적이 없던 나에게는 정말오랜만의 쉬운 시험이었다. 그렇게 개운하게 시험을 보고 나는 개학날만을 기다렸다.

나는 1학년 3반에 배치되었다. 졸업했던 중학교에서 같은 고등학교로 진학한 학생이 많지 않아 처음 보는 친구들과의 어색한 하루가지나고 있을 때, 생애 첫 '야자(야간 자율 학습)' 중간 즈음 담임선생님께서 들어오셔서 갓 고등학생이 된 우리를 위한 유의 사항을 몇 가지 말씀해주셨다.

그리고 마지막에 하신 말씀은 아직도 내 인생에서 굉장히 기억에 남는 순간 중 하나이다.

"에... 그리고 우리 반 1등은... 전교 3등이야. 이름은... 김현수!"

믿겨지지가 않았다. 중학교 때 세 자리수 등수였던 나에게 전교 30등이라고 해도 안 믿어질 판에 전교 3등? 반 3등도 아닌 반 1등? 그래서 3반인 거였어?

정말 순간적으로 별 생각이 다 들었다. 이름을 호명하셨으니 손을 들었고 대부분 처음 보는 학생들이 나를 쳐다보며 박수를 쳐줬다.

'됐다!' 싶었다. 중학교 때 괴물 같이 공부를 잘 하던 친구들은 자사고·특목고로 진학했고, 나는 비록 신생고등학교로 왔지만 이런 식이라면 나도 뭔가 될 수 있겠다는 생각이 들었다. 엄청난 자신감이 생겼다. 그때 이 일을 계기로 나는 친구들 사이에서 '활발하고 놀기도 잘 놀면서 공부도 엄청 잘하는 놈'으로 인식되었다.

전교 3등의 이미지 덕분인지 알던 친구가 별로 없었음에도 큰 어려움 없이 반장도 되고 학교생활도 즐겁고 자신감 넘치게 시작했다. 그러나 그때는 이 자신감 때문에 내 꿈에서 멀어질 줄은 미처 알지 못했다.

애초에 겨울방학 숙제와 거의 똑같이 나온 반배치고사 성적이 좋았다고 실력이 늘었을 리가 없었다. 해당 문제들을 거의 외웠기에 단지 '지식'이 조금 늘었을 뿐이지 문제가 조금만 다르게 나왔으면 아마 거의 다 틀렸을 것이다.

3주 동안 열심히 숙제를 했다고 해서 그렇게까지 실력이 올랐을 리가 없지 않은가? 그러나 나도, 내 친구들도, 내 부모님도, 적당히도 아닌 너무나도 높은 전교 3등이라는 등수에 현실을 직시하지 못했으리라.

보통 전교 권에 드는 최상위권 친구들은 큰 성적 변화 없이 꾸준히 높은 성적을 유지하는 것을 봐왔고, 나 역시도 이제 전교 권에 들었으니 그렇게 될 것이라는 오만한 생각을 한 것 같다.

잘못된 생각이라는 것을 깨닫는 데에는 그리 오래 걸리지 않았다. 거의 틀리지 않았던 반배치고사와 달리 개학한 후 얼마 지나지 않아 본 전국 3월 모의고사에서는 잘 기억이 나지 않을 정도로 처참한 점수가 나왔다. 이때라도 3월 모의고사 성적이 내 실력이고 반배치고사 점수는 요행이었다는 생각을 했었어야 했는데, '전교 3등'이라는 타이틀은 쉽게 떼어내기 힘든 달콤한 유혹이었다.

시험을 그렇게 망했음에도 '난 원래 전교 3등인데, 이번 시험은 잘 몰라서 좀 틀렸네.'라며 착각으로 안일하게 있었으니 곧바로 이어지는 고등학교 첫 내신 중간고사 시험도 잘 볼 리가 없었다. 성적은 반 타작이었고, '전교 3등'으로 인식되던 이미지는 단번에 깨져버렸다.

같은 반이 아닌 친구들에게 여전히 '전교 3등', '3반 1등'의 이미지가 남아있는 듯했지만 선생님들에게, 그리고 같은 반 친구들에게 김현수는 세 자리수 등수의 평범한 학생이 되어 버렸다. 이제 더 이상 모르는 문제를 나에게 가져와 질문하는 친구는 없었다. 어떻게 보면 고등학교에서 보는 시험 중 가장 무의미한 시험에서 단 한 번 달콤한 맛을 본 후 다시 중학교 때의 나로 돌아가고 말았다.

어쩌다
전교 꼴찌?

다시 중학교 때의 김현수로 돌아간 후 학교를 더 '즐겁게' 다니기 시작했다. 친구들과 어울리는 것을 좋아하는 건 여전했고, 전교 3등의 경험 때문인지 성격은 더 외향적이고 활발하게 바뀌어갔다.

사람들이 오해하는 것과는 달리 나는 '꼴통' 학생은 아니었다. 오히려 활발하되 성실하고 말을 잘 듣는 학생이었다. 고등학교 3년 내내 항상 반장이나 각종 '장'을 맡아서 했고, 특별한 일이 없는 한 야자를 빠진 적도 없었다. 항상 자습이 끝날 때까지 앉아 있었고 선생님들이 시키는 것도 곧잘 해냈다.

이때의 경험 때문인지 나는 '앉아있는 시간'을 절대로 신뢰하지 않는다. 앉아있는 채로, 책을 펴 놓은 채로, 짧게는 몇 시간 길게는 몇 년도 날릴 수 있다는 것을 경험했다. 지금도 학생들이나 학부모들이 "공부는 열심히 하는데~", "공부는 많이 하는데~"와 같은 표현을 쓰곤 하는데, 이런 말들로 공부를 열심히 하고 있다고 생각해서는 안 된다. 직접 보기까지는 절대 판단할 수 없다고 생각을 한다.

어쨌거나 나는 그렇게 긴 시간동안 축구도 열심히 하고 밴드부도 하며 고등학교를 '즐겁게' 다녔고, 어느새 우리나라에서 가장 불쌍하다는 '고3'이 되었다.

우리나라에서 고3이 되고, 수능을 보려고 한다면 누구나 '사는' 책이 있다('푸는' 책이 아닌 '사는' 책이다). EBS에서 수능과 연계되는 교재가 있는데 그 중 하나가 《수능특강》이다. 조금씩 교육과정이 바뀌면서 권수도 바뀌었지만, 내가 고3일 때는 국어 1권, 수학 4권, 영어 1권, 과학 2권 총 8권이었다. 나 역시 평범한 고3이었고 수능을 보기 위해 당연히 책을 샀다.

공부를 잘하던 친구들은 4~5월이 지나기 전에 이 책들을 모두 마무리하고 다른 책으로 본인의 부족한 점을 채워나갔다. 하지만 나는 수능을 보는 순간까지도 이 책을 다 풀지 못했다. 매일 12시까지 학교에 남고, 주말에도 학교에 나와 자율 학습을 하면서 2월 말에 샀던 책을 11월 수능 때까지 풀지 못했다는 것만으로도 얼마나 비효율적이고, '보여주기식 공부', '겉멋 공부'를 했는지를 알 수 있을 것이다.

해당 책을 다 마무리하지도 못하고 옆에서 친구들이 좋다고 하는 책을 또 구입하는 일이 반복되면서, 책은 많이 쌓아두고 긴 시간 앉아는 있으면서 처음부터 끝까지 책 한 권 제대로 풀어본 적 없는 수험생활을 보내게 된 것이다.

이렇게 무의미한 시간을 보냄에도 나의 자신감은 여전했다. 이유는 단 하나 '수시'였다.

고등학교 입시를 경험해본 사람이라면 누구나 공감하겠지만, 재수생들과는 달리 고3은 '나는 수시로 무조건 갈 거야~ 난 수시 무조건 돼~'와 같은 근거 없는 자신감을 많이 가지게 된다. 입시를 경험해본 적이 없고 주변의 선생님들도, 친구들도 서로 '너는 될 거야.'라던가, 원래 성적이나 실력보다 훨씬 더 '입결이 높은' 학교에 진학하는 케이스를 끊임없이 소개해주기에, 마치 나 자신도 그 케이스의 주인공이 될 수 있을 것 같다는 착각을 하곤 한다.

나는 밝히기도 힘든 처참한 내신 성적과 모의고사 성적을 가지고 반장 등의 활동들을 많이 했다는 이유로, 굉장한 스펙의 소유자라고 생각하며 수시에서 고려대학교, 성균관대학교, 한양대학교, 경희대학교를 써냈다.

당시 옆반 선생님이 그런 나를 보면서 "네가 그 학교에 합격할 확률은 번개 맞을 확률보다 낮아."라고 하셨음에도, 나의 무모한 자신감은 꺾이질 않았다. 오히려 '나는 수시로 좋은 학교를 갈 거야.'라는 무모한 희망 때문에 공부에 더 소홀해지고 나태해져 있었다.

매 시험이 수능과 대학 진학에 가장 크게 직결되는 고3, 시험을 치르면 치를수록 올라가는 내 자신감과는 반대로 내 성적과 실력은 급격하게 떨어지고 있었다. 그 정점을 찍은 것이 바로 3학년 2학기의 수학 시험이었다.

수능이 얼마 남지 않은 시기였기에 나름 최선을 다해서 시험을 보려고 했으나 아뿔싸, 1번 문제부터 풀리지 않았다. 너무 풀리지 않아서 여러 번 문제를 읽어보고 다시 접근해봤지만 도무지 풀리지가 않았다.

'문제가 너무 어려운가?' 주변을 살짝 둘러보았다. 나는 아직 1번도 풀지 못했는데 평소에 공부를 그리 잘 하지 않던 친구들도 어느새 두 번째 페이지로 넘어가 문제를 풀고 있었다. 정신적으로 무너지는 느낌을 받았지만 일단은 뒤의 문제로 넘어갔다.

그럼에도 불구하고 나에게 주어진 시험 시간 내내 풀리는 문제는 단 하나도 없었다. 결국 모든 문제를 찍었다. 충격이었다. 수능을 두 달도 남기지 않은 상황에서 30문제 중 내가 풀 수 있는 문제가 단 한 문제도 없었다. 그동안 매일 아침 일찍부터 밤까지 학교에서 수업을 듣고 앉아 있던 많은 시간이 정말 무의미했다는 게 증명되는 순간이었다.

수학뿐만 아니었다. 최소한 읽고 풀 수 있는 수학 이외의 다른 과목들도 별반 다르지 않았다. 매 과목 어떤 번호로 찍을 지를 고민하는 시간이었다.

약 2~3주 후 성적이 나왔다. 이보다 최악일 수는 없었다. 수학은 8점이었다. 답을 외워뒀던 유형의 한 문제 그리고 2번으로 쭉 찍은 뒤쪽에서 한 문제, 총 두 문제만 맞고 나머지는 전부 틀렸다.

187명의 이과 학생들 중 187등. 말 그대로 전교 꼴찌였다. 수학이 최악이었을 뿐 다른 과목도 별반 다를 건 없었다. 과학은 20점이었고, 제일 잘 본 과목도 50점을 넘기지 못했다.

매일 보충수업도, 야자도 하지 않고 미용을 배우러 가던 친구가 옆에서 "현수야, 수학 왜 이리 못하냐? 시험 대신 봐줄까?"라며 놀리던 말은 아직도 잊혀지지가 않는다. 그 친구를 무시하는 것이 아니라 그 친구보다 최소한 수백 시간 이상은 누적되었을 나의 '성실해보였던' 야자 시간이 너무나도 허무하게 느껴졌다.

당시 친구들에게는 수시로 갈 예정이라 시험을 대충 찍었다고 능청스레 넘겼지만, 그런 말을 하는 내 속은 썩어 들어갔다. 겉으로는 덤덤한 척 했지만 하늘을 찌르던 자신감은 바닥까지 떨어졌고 자존감도 낮아졌다. 더 이상 스스로의 실력을 믿을 수가 없었고 지금까지 뭘 해온 건가 싶은 생각이 들었다.

겉으로 보기에는 성실했고 열심히 공부하는 학생이었다. 그러나 정작 긴 시간 앉아만 있었고 그 속에 알맹이가 없었던 나에게 전교 3 등이라는 결과보다 더 극단적인 '전교 꼴찌'라는 결과가 날아왔다. 그 때 이 '신호'를 나는 받아들여야 했고 변화했어야 했다.

그러나 계속 정신을 못 차렸던 나는 그때까지도 꼴찌라는 사실에 약간 놀라기만 했을 뿐, 이 '신호'를 제대로 받아들이지 못하고 그저 '수시로 대학을 갈 예정이라 시험을 대충 봤다.'라는 핑계로 해당 사실을 덮기에만 급급했다. 그리고 그때까지도 수시라는 환상 그리고 원래 성적보다 훨씬 높은 입결의 대학에 진학한 각종 '기적적인' 수시의 달콤한 사례들에 취해 있었다. 나라면 그런 기적적인 이야기 속의 주인공이 될 거라는 근거 없는 희망이 있었다. 그래서 오히려 전교 꼴찌라는 바닥을 경험한 이후에 더 수시에 몰입하고 공부는 더 소홀히 하는 악순환에 빠져들었다.

다시 한 번 고난의
1년을 결정하다

12월, 수능은 끝났고 수시 결과까지 모두 나왔다. 결과는 너무나도 당연했다. 남들보다 조금 더 '성실해 보이는' 생활기록부와 자기소개서로는 '불성실한' 성적을 만회할 수 없었다. 수시 6곳 모두 예비번호도 받지 못하고 떨어졌다. 처참한 수능 성적으로는 거의 처음 듣는 대학교들만 정시로 지원할 수 있었다.

그리고 결과적으로 그런 대학에서도 떨어졌다. 초등학교, 중학교, 고등학교 긴 시간 동안 다른 기술 하나 배운 것 없이 공부를 하겠다고 앉아만 있던 나는, 순식간에 아무것도 할 줄 모르는 고졸 백수가 되어 있었다.

오히려 선택의 여지가 없었던 덕분일까? 나도 부모님도 큰 고민 없이 재수를 하기로 결정했다. 나는 재수를 결정했고 부모님도 동의해 주셨다. 오히려 고민이었던 건 어디서 어떤 방식으로 재수를 할지였다.

재수는 크게 집에서 사교육의 도움 없이 혼자 공부를 하는 독학 재수, 집에서 종합재수학원을 다니며 잠만 집에서 자는 통학 재수, 서울에 올라가 유명한 학원 앞의 학사에서 통학하며 다니는 방식과 기숙학원에 들어가 공부하는 방식이 있다. 각각의 방식은 모두 장단점이 명확하다.

독학 재수의 경우에는 성적이 상위권인 학생들에게 유리한 방식으로, 본인의 강점과 약점을 잘 파악하고 있다면 약점 위주로 보충해 나가는 효율적인 공부를 할 수 있다. 유연성 있는 시간 분배를 토대로 본인에게 맞는 일정으로 공부를 할 수 있는 반면 자제력이나 정신력이 조금이라도 부족하면 곧바로 무너지는 면에서는 굉장히 취약한 방식이라 나에게는 적합하지 않았기에 전혀 고려할 필요가 없었다.

집에서 종합재수학원을 다니는 방식은 경제적인 측면에서 생활비를 아낄 수 있고, 집에서 다니기 때문에 심적인 안정감이 있을 수 있다. 하지만 나는 고등학교 3년간 집에서 공부를 해본 적이 없었을 정도로 '집'이라는 공간에 취약했다. 게다가 그 해에 월드컵과 동계올림

픽, 아시안게임이 예정되어 있었다. 자제력이 약한 내가 집에서 그런 것들을 외면하고 공부에 올인하지 못할 것이라는 점은 나도, 부모님도 알고 있었기에 과감하게 배제했다.

서울에 있는 학원에 유학을 가는 방법과 기숙학원 사이에서는 크게 고민할 필요가 없었다. 서울에 있는 유명 재수학원들은 모두 '최저 등급'이 걸려 있었다. 내 점수는 그 최저 등급을 충족시키지 못했기에 자연스레 최저 등급이 낮은 기숙학원 쪽으로 눈이 갔다.

자제력이 약한 나를 강제적으로 통제 시켜줄 수 있는 곳이었다. 기숙학원 중에 생긴 지 얼마 안 된 기숙학원들은 아직 홍보가 되지 않아 최저 등급도 거의 없다시피 하였다. 그렇게 기숙학원 몇 군데를 알아본 결과 지금은 높은 최저 등급을 자랑하고 있지만 당시에는 생긴지 얼마 안 된 신생 기숙학원을 선택했다. 그리고 단순하게 내렸던 이 선택이 그 학원에도, 나에게도 큰 변화를 가져다주었다.

절대
실패하지 않는다

재수를 시작하기 전 1월, 설날을 맞이해 갓 스무 살이 된 나를 포함해 친가 쪽 모든 가족이 한 자리에 모였다. 나는 아직도 이 날의 경험을 잊지 못한다. 나와 동갑인 사촌이 있는데 어렸을 때부터 동갑이어서 의도하지 않아도 묘하게 서로의 상황을 비교하는 경향이 있었다.

사촌은 서울에 살았고 나는 대전에 살다보니 가족모임이 있을 때마다 요즘 교육 트렌드에 대한 얘기도 많이 하고, 성적에 대한 얘기도 종종 하곤 했었다. 그런 이야기들을 할 때만 해도 별 감흥 없이 '애가 공부를 잘하는 구나.'라며 아무 생각 없이 이야기를 듣곤 했다. 하지만 그날은 달랐다. 평소 사촌이 공부를 잘 했다는 것을 알고 계시던 우리 어머니께서 먼저 사촌에게 인사를 하며 조심스레 물어보셨다.

"우찬아, 이번에 대학은 어떻게 됐니?"

이때 사촌은 솔직하게 대답했던 것이겠지만 이 답변에 나는 충격을 받았었다. 1년이 지나 내가 의대를 진학할 수 있는 위치가 되어서야 나는 이 대답을 이해할 수 있었다.

"아, 저 그냥 연세대 가기로 했어요. 서울대 안 돼서 아쉽긴 한데... 그래도 괜찮아요."

평소에 우습게 생각하던 지방대의 낮은 과조차 떨어지고, 고3때 성적이 그야말로 바닥을 찍어 자존감이 꽤나 떨어져 있던 나에게는 뇌리에 깊게 박힌 말이었다.

그리고 무엇보다도 부모님께 죄송함을 크게 느꼈다. 당연한 얘기이고 누구라도 그랬을 테지만 그날 가족모임에서는 힘겨웠던 입시를 마치고 이제 명문대학에 진학을 앞두고 있는 스무 살 동갑내기 사촌에게 많은 질문이 쏟아졌고 다양한 무용담이 이어졌다.

본인이 9월 모의고사에서 자신감을 갖고 있던 영어를 못 봐서 충격을 받고 남은 기간 열심히 공부해서 끝내 수능에서는 100점을 받아냈다는 얘기를 할 때, 내가 받았던 영어 최고 점수가 사촌의 '충격적으로 못 본' 점수보다도 낮다는 사실에 나는 속이 타들어갔다.

이런 상황에서 그야말로 아무 말도 할 수 없었던 부모님의 심정이 어쩌셨는지는 아직도 여쭤보지 못했지만 결코 좋지는 않았으리라. 당당하지 못한 부모님의 모습을 보며 이것이야말로 불효이고, 나는 '재수생' 아니 '죄수생'이라는 생각이 절로 들었다.

그래서 다짐했다. 재수 때 특정 학교, 점수 등을 떠나서 재수를 마쳤을 다음 해 설날 가족모임에서는 부모님이 당당하실 수 있는 '김현수'가 되겠다며 재수를 시작하기 한 달 전부터 불타오르고 있었다.

공부는
내가 하는 것이다

사람들은 흔히 '기숙학원'이라는 말을 들으면 비슷한 이미지들을 떠올리곤 한다. '갇혀서 정말 공부만 하는 공부벌레들의 집합소'와 같은 느낌말이다. 나 역시도 그러한 기대를 품고 있었다. '정말 1년, 아니 9개월 간 미쳐서 공부만 해야겠다.'는 생각을 갖고 있었다. 또 나이외에 다른 학생들 역시 나와 같을 거라는 기대감과 설렘(?)을 갖고 있었다.

그랬기에 12월 말에 학원에 입소하여 수능을 보는 11월까지 약 11개월 반 동안 공부하는 '조기선발반'보다는, 2월 중순부터 시작해 9개월을 공부하는 '재수정규반'을 선택했다. 대신 그 기간 안에 모든 걸 온전히 쏟아 붓기로 다짐했다.

그 전에는 딱히 뭘 하진 않았다. 그냥 군대 가기 전 대학생들이 으레 그렇듯 당분간 못 볼 친구들을 만나고, 응원을 받고 졸업식을 마쳤다. 시간은 흘러 2014년 2월 16일, 재수학원 입소 날이 되었다.

재수를 앞둔 고등학교 졸업생은 학원에 입소하기 전 부모님과 많은 대화를 나누게 된다. 그러한 과정 속에서 재수 전에 마음을 다잡고 9개월 간의 큰 그림을 머릿속으로 그려보게 된다. 학원 생활을 해보기도 전이라 자세한 부분들은 예상하지 못하지만 나는 나만의 몇 가지 '대원칙'들을 세웠다.

무조건 매일 계획을 짠다 ✎

고등학교 때 제대로 계획을 짜서 공부해본 적이 없었다. 여느 고등학생이 그렇듯 플래너는 나름 몇 권 정도 구입하였고 뭔가 끄적거려본 적은 있다. 하지만 제대로 계획을 짜고 이를 실행해 나간 적은 없었다. 그래서 계획을 어떻게 짜는지 방법조차 몰랐다.

그래도 재수 9개월을 알차게 보내고 성공하기 위해서 계획적인 삶을 살아야 한다는 것 정도는 알고 있었다. 방법이야 어찌됐든, 한 주도 빠짐없이 계획을 세우고 이를 실천하는 삶을 살기로 마음먹었다.

체력 관리를 철저하게 한다

9개월, 짧다면 짧지만 길다면 긴 기간이다. 매일 부족한 수면 시간에 의자에만 앉아 모든 생활이 이루어진다면 나중에 체력적인 문제가 올 수 있는 기간이다. 기숙학원의 홈페이지를 통해 확인해 보니 나름 야외 농구 코트도 있고, 고등학교 3학년 때와 마찬가지로 일주일에 한 시간씩 체육시간도 배정되어 있었다.

중학교 때까지 축구선수를 꿈꾸었던 나는 다행히 운동을 좋아하고 곧잘 했기에 그 체육시간에 자습을 선택하기보다는 운동을 해서 체력 관리를 소홀히 하지 말자는 생각을 했다.

휴가는 일체 나오지 않는다

기숙학원을 다녀본 사람이 아니면 다소 낯선 이야기일 수도 있다. 기숙학원은 마치 군대처럼 학생들에게 정기적인 휴가가 주어진다. 한 달에 한 번, 3박 4일 정도 되는 기간인데 기숙사를 청소하는 5월, 7월 휴가는 무조건 나가게 되어 있지만 그 외 휴가는 모두 선택이다. 해당 기간 동안 휴가를 가지 않고 학원에 남아 자습을 할 수도 있다.

나는 자극적인 외부 문물(?)에 굉장히 취약하고 흔들릴 수도 있다고 생각했기 때문에 과감하게 휴가는 나오지 않음으로써 외부에 대한 노출을 최소화하고자 했다. 게다가 해당년도에는 동계 올림픽, 브라질 월드컵, 아시안 게임이라는 세계적인 축제가 열릴 예정이라 스포츠광인 나는, 그냥 학원에 붙어있기로 했다.

친구를 만들지 않는다

수험생활을 성공적으로 마친 사람들 중 다수가 친구, 인간관계 덕분에 힘든 시기를 이겨낼 수 있었다고 한다. 그러나 나는 달랐다. 탓할 생각은 아니지만 고3 때 나의 성적이 바닥을 찍은 큰 이유 중 하나가 '친구와의 대화를 너무 좋아하는 성향' 때문이었다.

고3은 모두가 힘든 시기라서 친구들과 더욱더 끈끈한 유대감이 형성되기 마련이다. 나는 이 시기에 친구와의 대화를 너무나도 즐긴 나머지 7시에 야자를 시작하고 옆 친구에게 "야" 라며 속삭이는 순간 11시까지 대화가 이어져 야자 시간이 그대로 끝나버린 경험이 비일비재하였다.

그리고 내 상황은 잘 파악하지도 못하면서 친구의 입시 상담을 엄청나게 해줬었다. 이런 친화적 성향이 강한 나에게 친구는, 수험생활에 있어서는 오히려 방해 요인으로 작용했다. 그래서 아예 친구를 만들지 않음으로써 이런 여지 자체를 두지 말자는 게 나의 결론이었다.

이러한 나름의 원칙들을 설정하며 부모님과 많은 대화를 하였고,

그 과정 속에서 재수생활을 상상해보니 패배감이 짙게 드리웠던 우리 집에도 약간의 설렘(?)과 기대감이 생기기 시작했다. 지금 내가 상상하는 내 모습대로 재수생활을 이뤄낸다면 얼마나 좋은 결과를 얻을지 기대까지 부풀었다.

재수생활이 얼마나 힘들고 변수가 많을 지는 생각지 못한 채 나는 성실하게 다닌 고등학교에서 개근상을 받으며 졸업을 했고, 별다른 변화 없이 재수학원 개강날을 맞이하게 되었다.

환경을 바꿀 수 없다면
나를 바꾸면 된다

내가 지원한 기숙학원은 경기도 이천에 위치해 있었다. 약간 높은 지대에 학원이 위치해 있어 오르막길을 따라 쭉 올라가 주위를 둘러보면 쌀이 특산물인 지역답게 아직 모내기도 하지 않은 논이 펼쳐져 있었다.

그날 자식들의 성공을 기원하는 수많은 부모님들의 차가 학원 안으로 들어서고 있었다. 차가 너무 막혀 나는 부모님께 중간에 내려 걸어 올라가겠다고 했다. 군대처럼 약 한 달 후에 짧은 휴가가 예정되어 있었고 고작 한 달 정도 보지 못하는 것이었다.

하지만 재수학원에 아들을 내려주는 부모님 특히 어머니께서 우실 것 같다는 생각이 들어 나는 "열심히 할게요. 걱정마세요."라는 말 한 마디만 남기고 재수학원을 향해 걸어 올라갔다. 뒤를 돌아보면 마음이 약해질 것 같아 뒤돌아보지 않고 나의 다짐들을 되새기며 나를 완전히 바꿔줄 학원을 향해 위로 계속 올라갔다.

사람마다 다를 수 있겠지만 고1 첫 며칠의 야자 시간을 떠올려 보자. 물론 학교마다 다르겠지만 첫 며칠, 그 중에서도 특히 첫 날은 낯선 환경 때문에 선생님들이 따로 감독하지 않아도 될 정도로 모든 학생들이 정숙한 분위기로 열심히 공부를 한다. 열심히 공부하고 처음으로 밤늦게 하교할 때의 그 뿌듯함을 많은 학생들이 기억하고 있을 것이다. 물론 며칠만 지나면 낯설었던 환경이 편안해지고 적응이 돼서 자고, 잡담하고, 도망가며 첫날과는 사뭇 다른 분위기가 연출되지만 말이다.

나도 이런 경험이 있기에 재수학원에서의 첫 날은 더더욱 기대감이 컸다. '기숙학원'이라는 단어에서 느껴지는 이미지가 더해져서 더 그랬던 것 같다. 그러나 '최저 등급'이 거의 없다시피 했던 우리 학원에서도 꼴찌반이었던 우리 반은 첫 날부터 나의 기대를 무참히 깨버렸다.

첫날에는 학원 운동복을 나눠주고 각종 규정, 생활방식 등을 설명한 후 남은 시간은 모두 자습을 시키는데, 낯선 환경에 아는 친구라곤

한 명도 없을 뿐더러 '초심'이라는 게 있는, 어떻게 보면 가장 열심히 해야 할 바로 그 날에도 옆의 학생은 자고 있었다.

또 선생님이 없으면 반 아이들은 서로 말을 걸며 친목을 다지고 있었다. 학원 내에서 금지하고 있는 남녀 내화도 벌써 몇몇이 시도하고 있었다. 모두가 그러진 않았지만 당연히 그런 사람들이 눈에 많이 띄었다. 비록 모두가 그들과 같지는 않았지만 그 몇몇이 몹시 거슬렸고, 오히려 그들과 반대 방향으로 나의 마음을 독하게 다잡는 계기가 되었다.

'이 반에서는 절대로 분위기에 휩쓸리면 안 된다. 이 반 애들이 공부를 할 때도 하지 않을 때도 나는 나의 페이스를 유지하면서 무조건 **나의 흐름으로 이어 가야 한다.** 언제나 열심히 해야 한다. 절대로 이 반의 분위기에 흔들리지 말자.'

초반부터 일반 고등학교와 별 차이가 없는 반 분위기를 보였던 우리 반이기에 그런 분위기에 편승하면 성적도 고등학교 때와 비슷하게 나오거나 더 떨어질 것은 뻔한 일이었다. 그래서 이 환경에 적응하기보다 기존의 나를 완벽히 바꾸기로 마음먹었다.

환경을 바꿀 수 없다면 나를 바꾸면 된다는 단순한 생각이었다. 당장 바꿀 수 있는 것들은 여러 가지가 있었지만, 일단 분위기에 휩쓸리지 않기 위해 외향적인 나의 성격을 수능 때까지 억누르기로 했다.

원래 나는 '리더 역할'을 맡는 것을 좋아한다. 중·고등학교 시절 반장을 항상 도맡아 했다. (대학교에 와서도 과대표를 긴 시간 맡고 있다.) 사실 그런 자리에서 나의 역할과 관계에 집중하느라 정작 내 스스로를 잘 챙기지 못한 부분이 적지 않았다.

그래서 처음에 담임선생님께서 학생들을 대상으로 누가 반장을 하고 싶은지 물어봤을 때 고등학교 3년 내내 들었던 손을 이번만큼은 들지 않았고, 자연스레 다른 학생이 반장을 하게 되었다. 나에겐 다소 어색한 경험이었다. 반장이 선정되고 쉬는 시간에 화장실을 가는데 갑자기 담임선생님께서 어깨에 손을 얹으시며 "현수야, 반장하고 싶었지?"라고 물어보셨다. 솔직히 많이 놀랐다.

늘 해오던 반장을 다른 사람이 하는 것이 어색하긴 했지만, 나는 진심으로 스스로를 바꿔야겠다고 생각하고 있었기에 반장을 할 생각은 전혀 없었다. 그런데 그럼에도 무의식적으로 하고 싶은 게 얼굴에 드러났나? 라는 생각이 들었다. 물론 선생님의 그 다음 설명으로 그 이유가 밝혀졌다.

"어머니가 전화하셨어. 너 혹시 반장하려고 할 수도 있는데 제발 시키지 말아달라고."

웃음이 나왔다. 여러 가지 생각이 들었다. 내가 학창시절에 얼마나 그런 활동들을 많이 하고 그 과정에서 스스로를 챙기지 못했으면 어머니가 불안한 마음에 그런 전화까지 하셨을지 말이다.

학원 내규에 따라 아직 부모님과 연락을 하지 못해서 180도 바뀐 나의 모습을 아직 모르실테니 한시라도 빨리 바뀐 모습을 보여드리고 싶다는 생각까지 들었다.

나는 이 날 재수의 전반적인 목표와 계획을 세우며 앞서 세운 대원칙들을 다시 곱씹었다. 특히 강하게 다짐한 나와의 약속 중 하나는 '절대로 밥은 혼자 먹는다.'였다. 우리 반의 실망스러운 분위기를 보니 더더욱 그래야 겠다는 생각이 들었다.

그런 생각을 하며 첫날에는 독한 마음을 새겼다. 하지만 이렇게 독하게 마음을 먹었음에도 불구하고 꽤나 큰 심리적인 문제가 하나 남아 있었다. 바로 그때까지도 '실력 1도 없음'을 인정하지 못하는 거만한 마음가짐이었다.

여전히 '나는 운이 없었어.', '나는 여기 있는 애들과 달라.'라는 거만한 생각을 가지고 있었다. 고3 시절 나의 실패를 인정하지 않았다. 아니 못했다. 수시 6개 탈락도, 정시 광탈도 단지 운이 없었을 뿐이고 실제의 나는 상당한 실력의 소유자라는 근거 없는 자신감을 가지고 있었다. 수시에서 떨어진 것을 생각하는 것이 아니라 무슨무슨 대학교에 지원했었다는 무의미한 추억만을 떠올렸다.

이는 오만함이었다. 만약 이러한 오만함을 수능날까지 가져갔다면 어쩌면 또 한 번의 수능에서도 실패를 하고 또다시 환경을 탓하며 자기 합리하는 데에 연연했을 것이다. 그러나 그날 저녁 나의 오만함을 제대로 깨주는 큰 계기가 하나 있었다.

힘들 때 읽으려고 미리 받아왔던 고등학교 친구들의 편지를 읽게 되었다.

고등학교를 갓 졸업한 친구들이 얼마나 대단한 말을 써줄 수 있었을까. 편지의 내용은 전부 '현수야, 넌 할 수 있어!', '너는 운이 없었을 뿐이야!' 등 되레 나의 자기방어적인 생각을 강화해주는 말 뿐이었다.

적절한 응원은 수험생에게 힘이 되지만 현실과의 괴리감이 있는 무조건적인 응원은 색안경 없이 스스로를 똑바로 볼 수 없게 만든다. 이러한 편지들을 읽으며 오히려 자신감과 오만함을 동시에 얻고 있었다. 그렇게 한참 편지들을 읽었고 마지막 편지를 꺼냈다.

하늘색 봉투에 든 편지였는데 우리 학교에서 줄곧 전교 1등을 해왔고 좋은 성적으로 의대에 진학했던 친구의 편지였다. 그래서 더욱더 기대하고 마지막에 읽을 생각으로 남겨두기까지 한 바로 그 편지였다. 그 편지의 마지막 문단이 나의 재수생활뿐만 아니라 현재의 인생관에까지 크게 영향을 줄 거라고는 예상치 못한 채 편지를 읽기 시작했다.

에... 또 해줄 말이 뭐가 있더라. 음, 널 위해 솔직하게 한 마디 더 할

게. 아무래도 오랜 시간 동안 옆에서 널 봤으니까 내 눈이 틀리지는 않을 거야. 실패 없는 재수생활을 위해 무언가를 곧잘 합리화하는 습관은 좀 고쳐봐. 수능 직전에 일찌감치 재수 생각한다면서 좀 포기한 듯 싶던 네 모습은 보기 그랬어. 감기 때문에 그랬다고는 하지만, 늘 말하는 건데 건강관리도 자기관리니까 핑계일 뿐이지. 이것 말고도 자신의 행동을 너무 관대하게 보려는 건 더 발전할 수 있는 가능성의 여지를 막는 거잖아. 인정 못하겠다면 뭐... 못 들은 셈 치던가.

이 편지를 읽었을 때 오만함에 빠져 19년 동안 자기 합리화를 반복해왔던 나는 도무지 이 내용을 받아들일 수가 없었다. 오히려 분노했다.

'다른 친구들은 다 응원해주고 힘내라고 해주는데, 얘는 편지에까지 왜 지적질이지?'

그 친구에 대한 부정적이고 공격적인 생각들만 머릿속에 가득했다. 짜증이 나긴 했지만 이상하게도 편지를 여러 번 반복해서 읽게 되었다. 그리고 시간이 지날수록 뒤통수 한 방 제대로 맞았다는 생각이 들었다.

솔직히 고백하건대 실제로 고3 때부터 무의식적으로 수능에서 실패하고 재수를 하게 될 것임을 예상하고 있었지만, 자존심 때문에 '실패'라고 인정하고 싶지 않았다. 그래서 미리부터 친구들에게 재수를 할 것이라고 '밑밥'을 깔았고 약간의 컨디션 난조나 감기 등 '실패를 위한 적절한 명분'을 찾는 대로 계속 말하고 다녔었다.

늘 성실하게 공부해 우수한 성적을 냈던 그 친구에게 그런 나의 비겁한 태도와 한심한 마음가짐들이 전부 읽히고 노출되었다는 게 너무나도 민망하고 부끄러웠다. 아마도 그것이 처음에는 분노의 감정으로 표출이 되었던 것 같다.

심지어 그 친구는 내가 쉽게 받아들이지 못할 것이라고 까지 예상했는지 마지막에 '인정 못하겠다면 뭐... 못들은 셈 치던가'라는 문장까지 추가해놓았다. 그 친구는 스스로를 계속 돌아보지 못하던 나보다도 더 나의 고등학교 3년간의 마음가짐과 태도, 생활 방식까지 정확히 알고 있었던 것이다. 그 친구 말대로 '못 들은 셈' 쳤다면, 지금의 나는 없었을 지도 모른다.

발가벗겨진 기분이었다. 다른 친구들에게는 미안한 얘기지만 다른 편지는 머릿속에 남아있지 않았고, 이 편지의 마지막 문단만 끊임없이 머릿속에 맴돌았다.

결국 결론은 하나였다. 내가 문제였다. 모든 실패의 원인은 그 어떤 것도 아닌 '나'였고 억울할 일은 하나도 없었다. 이날부터 나는 앞으로 일어나는 모든 일은 '나'에 의한 것이며, 절대로 남의 탓을 하거나 상황을 핑계 삼지 않게 되었다.

그 이후에도 몇 년을 더 살아보니, 실제로 자기 합리화만큼 이기적이고 위험한 마음가짐도 없다. 물론 가끔은 팔이 안으로 굽기도 한다. 하지만 스스로를 냉정하게 평가하고 때로는 반성하는 모습이 없으면 사람은 발전할 수가 없다는 이치를 나는 편지의 몇 글자로 알게 되었다.

운이 좋게도 '재수생 김현수'에게 가장 취약한 부분이었던 한심하고 비겁한 마음가짐을 재수 첫 날부터 고칠 수 있었다. 그리고 그날 설정한 나의 새로운 목표 중 하나는 '수능 만점'이 되었다. 거기에 핑계나 자기 합리화는 없었다.

'고3 김현수'의 모든 것은 잘못됐음을 인정했다. 이전의 모든 것을 바꾸고 수능 만점을 향해 달려가기로 했다.

D-270. 바로 공부를 시작하지는 않았지만 재수생활 전체 중에 가장 중요했던 수능 270일 시작을 위한 하루는, 지난 시간의 나를 완전히 바꿔야 할 이유를 찾고 각오를 다지며 그렇게 마무리되었다.

2부

누구도 아닌
나를 위한 공부를
시작하다

자투리 시간을
최대한 활용하라

　　고등학생과 재수생. 전혀 다른 마음가짐으로 다른 생활을 할 것 같지만 사실 둘의 하루 일과는 거의 동일하다. 아침 6시 반 기상, 8시부터 이어지는 수업, 1시간씩 주어지는 식사 시간, 11시 40분까지 이어지는 야간 자율 학습 시간까지.

　　재수학원도 고등학교와는 차별을 두기 위해 많은 노력을 하지만 하루 일과는 달라진 게 없었다. 결국 고등학생이나 재수생이나 주어진 시간은 비슷하니 그 시간을 어떻게 쓰느냐에 따라 큰 차이를 만들어 낼 수도 있고, 고등학생 때와 비슷하게 보낼 수도 있다는 이야기이다.

　　'어디서' 보다는 '어떻게'가 중요했다. 아무리 학력 수준이 낮은 학교라도 훌륭한 내신으로 좋은 대학에 진학하는 사람이 있고, 강남 8학군의 유명 학교에도 전교 꼴찌는 있는 법이다. 물론 사교육과 공교육 사이의 시스템 차이는 좀 있을 수 있지만(그나마도 요즘은 인강 시스템의 활성화로 인해 그러한 차이가 많이 나지 않는다고 생각한다.) 그렇다고 주어진 시간이 다른 것도 아니다. 환경보다는 내가 '어떻게' 하느냐가 중요하다.

그래서 나는 모든 시간을 누구보다도 가치 있게 활용해야 했다. SKY나 명문대를 다니다가 의대의 꿈을 갖고 재수를 하는 사람들도 있다. 나와는 출발선이 다른, 우수한 사람들과 비슷한 결과를 내려면 나의 시간은 그들보다 훨씬 밀도 있고 알차게 운영되어야 했다. 공부를 제대로 해본 경험이 없는 나로서는 일단 내가 확보할 수 있는 만큼 최대한 시간을 확보하자는 생각이었다.

처음 내가 확보한 시간은 아침, 점심, 저녁 시간이었다. 아침 6시 반에 알람이 울리면 대부분은 부족한 수면으로 일어나지 못하고 침대에서 뒤척거린다. 나 역시도 피곤했지만 강한 정신력으로 알람이 울리자마자 일어나 눈도 제대로 뜨지 못하고 바로 화장실로 향했다. 그렇게 씻으며 잠을 깨고 곧바로 아침을 먹으러 가면, 줄 설 필요도 없이 굉장히 밥을 빨리 먹을 수 있었다.

가뜩이나 대화 없이 혼자 하는 식사라 식사 시간 자체도 남들보다 많이 짧았지만 나는 그 시간까지도 활용했다. 아침 식사 때는 사자성어를, 점심, 저녁 식사 때는 영어 단어장을 보며 식사를 했고, 식사 전후로 걸어 다니는 시간, 줄 서 있는 시간에도 그런 자료들을 계속 보곤 했다.

지금 생각해도 이해는 잘 안 가지만 우리 반의 어떤 친구는 그렇게 식사할 때 뿐만 아니라 교실로 가는 길에도 걸어 다니면서까지 단어장을 보는 나에게 비아냥거리기도 했다. 그 친구가 비아냥거리며 했던 말은 '그렇게 보는 게 공부가 되겠냐'라는 것이었다.

당연히 자습 시간에 책상에 앉아 단어를 외우는 것이 식사 시간이나 돌아다니는 자투리 시간에 보는 것보다 효율이 훨씬 좋을 것이다. 그러나 나는 그 모든 시간이 너무 아까웠다. 책상에 앉아 모르는 문제를 푸는 것도 아니고 모르는 단어를 무턱대고 외우는 것만큼 비효율적인 게 없다고 생각했다. 그리고 '누적의 힘'을 믿었다.

비록 식사 시간에 단어를 달달 외우지는 못해도 매일 모든 식사 시간에 반복해서 단어를 보고 그것이 쌓이면 수능날 최소한 한 문제라도 도움이 될 거라는 믿음이 있었다. 매일 식사 시간 친구와의 즐거운 대화만 조금 포기하고 수능에서 귀중한 한 문제를 맞힐 수 있다면 마다할 이유가 없었다.

그 덕인지는 몰라도 다른 친구들과는 달리 사자성어나 영어 어휘에 따로 시간을 투자할 필요도 없었다. 그야말로 엄청난 가치가 있는 일이다. 그런 확고한 믿음이 있었기에 계속 혼자 밥을 먹으며 단어를 외웠다. 덕분에 부수적으로 따라온 효과 중 하나는 '엄청나게 남는 식사 시간'의 확보였다.

밥을 혼자 먹으니 식사 시간이 매우 짧아져 남들이 친구들과 얘기하며 식사하고 산책하는 동안 혼자 빈 교실에서 많은 시간을 활용할 수 있었다. 이를 닦으러 화장실에 가도 다들 식사 중이라 줄 설 필요가 없었다. 이후에도 빈 교실에서 차분하게 나의 공부를 할 수가 있었다. 다른 친구들이 식사를 마치고 우르르 몰려 들어오면서 반 분위기가 어수선해질 때는 이미 30분 이상 공부에 충분히 몰입해 있는 상태였다.

이렇게 식사 시간을 활용하니 쉬는 시간도 그냥 쉬기가 아까웠다. 많은 학생들이 쉬는 시간의 가치를 간과하는데, 사실 쉬는 시간만 잘 활용해도 상상 이상의 시간이 확보된다.

보통 하루가 9교시 정도로 구성되어 있고, 야자 사이사이에 1~20분 정도의 쉬는 시간이 추가로 주어진다고 생각하면 하루에 2시간은 족히 나온다. 2시간이면 남들보다 야자를 한 번 정도 더 하는 수준이다.

처음엔 조금 힘들었지만 우선 쉬는 시간에 대화를 하며 시간을 보낼 친구가 없다보니 할 것도 없었고, 하루하루 쌓이는 시간만큼 남들보다 앞서가는 느낌이 생겨서 더욱 열심히 하게 되었다.

나는 물을 20병씩 사서 사물함에 갖다 놓고 꽤 많이 마셨는데, 그러다 보니 자연스레 쉬는 시간에 '신호'가 자주 왔다. 매일 남들보다 많은 시간을 쌓아나가는 것에 재미를 느끼고 있던 터라 화장실에서 줄 서 있는 시간도 아까워 볼일도 참았다가 '몰아서' 볼 정도로 작은 시간도 아까워했고 열심히 썼다. (물론 지금 의학을 공부하는 사람의 입장에서 소변은 그때그때 해결하는 것이 좋다고 생각한다.)

그리고 실제로도 이런 자투리 시간을 활용하는 게 습관이 되다보니 매일매일 다른 친구들보다 야자를 한 번씩 더한 효과를 보이며 조금씩 조금씩 앞서가고 있다는 것을 느꼈다.

'티끌도 모으면 태산'이라는 속담은 정말 흔히 쓰이지만 실제로 이를 실천하는 사람은 별로 없다. 작은 시간도 가치 있게 여기고 최대한 모으려고 노력하다 보니 남들은 보지 못하고 지나치는 정말 작은 시간들도 눈에 속속 들어오기 시작했다.

쉬는 시간에는 보통 10분 안쪽으로 한 두 문제를 해결할 수 있는 수학 공부를 했는데, 항상 내 뜻대로 쉬는 시간이 끝나는 시점에 딱 맞춰서 문제풀이가 마무리되지 않을 때가 있다. 그렇게 다음 수업 시간이 시작되면 해당 수업 시간에 맞춰 교재를 펴고 수업에 집중하는 한편, 쉬는 시간에 풀던 수학책은 내 앞 독서대에 올려놓았다.

수업을 듣다보면 학생들이 피곤해하는 시점에 선생님들이 농담이

나 잡담으로 분위기를 바꿔 주신다. 나는 그 시간마저 아깝게 느껴져서 적극 활용했다.

수업 내용에는 집중을 했지만 다른 얘기를 하시면 바로 독서대에 올려둔 미처 다 풀지 못한 수학 문제를 바라보며 머릿속으로 문제를 풀어나갔다. 직접 손으로 문제를 푸는 건 선생님들이 오해하실 수도 있고 불쾌하실 수도 있으니 그냥 자연스럽게 눈으로 보며 암산을 했다. 나중에 다시 이야기하겠지만 이 일이 암산 능력과 계산력을 향상시키는 데에 엄청난 영향을 주었다.

내가 고등학교 때와 재수 시절에 공부를 곧잘 하는 학생들 중 많이 봤던 유형은, 바로 '본인에게 필요하고 재미있는 수업만 듣고 그 외에는 자습을 하는' 유형이었다. 고2까지는 별로 없지만 고3부터는 많은 학생들이 재미있고 본인에게 의미가 있다고 생각되면 열심히 듣고, 선생님이 조금이라도 별로라고 느껴지면 시간이 아깝다며 수업을 듣지 않고 다른 공부를 하는 경우가 많다.

그리고 우습게도 이런 학생들은 대부분 수업 시간에는 그렇게 자습을 하면서 정작 쉬는 시간이나 식사 시간은 활용하지 않는다. 짬짬이 시간을 모아서 계산해봤듯이 쉬는 시간만 잘 활용해도 거의 야자 한 번의 시간의 나옴에도 그런 시간들은 쉴 만큼 쉬면서 오히려 수업 시간에 낮은 효율로 다른 공부를 하는 것이다.

의외로 이런 학생 중에 공부를 곧잘 하는 상위권 학생이 많다. 어느 정도 상위권 대학에 진학하는 경우도 꽤 있다. 하지만 최상위권까지 도달하지는 못한다.

그러나 최상위권의 학생들은 다르다. 최상위권 학생들은 대체로 모든 수업은 수업대로 잘 듣고, 본인에게 주어진 자습 시간을 잘 활용한다. 비록 최상위권은 아니었지만 나도 그랬다. 나는 배움의 열망이 있었고 새로운 지식에 목말라 있었다. 이전 친구의 편지를 읽고 난 후 나의 부족함을 모두 인정하면서 더욱 그러했다.

그래서 모든 학생들이 별로라고 하며 잘 참여하지 않는 선생님의 수업까지도 최선을 다해서 들었다. 누가 뭐래도 나는 부족했고, 어떤 선생님이든 나와 함께 수능을 본다면 나보다 훨씬 우수한 성적을 받을 것이 당연했다. 누가 보더라도 분명히 나보다 뛰어난 분의 수업을 1년 내내 잘 듣고 그 중 필요한 부분들을 연습하여 내 것으로 만든다면 수능에서 한 문제 이상 나를 도와줄 것이라는 '누적의 힘'을 다시 한 번 믿은 것이다.

그 예로 우리 반 대부분의 학생들이 좋아하지 않던 선생님이 있었다. 약간 나이 있으신 수학 선생님이었는데, 서울대학교 출신으로 학력은 좋았으나 모든 문제를 복잡한 계산으로 풀어 매 수업 때마다 칠판 전체가 '루트'로 가득한 복잡한 계산식으로 뒤덮였다. 참신하게 보조선을 그어 쉽게 풀 수 있는 도형 문제도 모두 좌표에 넣어서 푸는 바람에 '서울대학교 좌표학과' 출신이라는 별명이 붙을 정도였다.

학생들은 보통 귀찮고 복잡해 보이는 계산을 이용한 풀이보다 직관적이면서 깔끔하고 간결한 풀이를 선호하고 멋있다고 느낀다. 나도 그랬지만 수능날 복잡한 계산 문제가 나올 수 있고, 실제로 계산력도 부족하고 계산 실수도 많이 하는 나의 부족함을 인정하고 있었기에 다소 귀찮고 복잡해도 그 선생님의 수업을 9개월 동안 열심히 쫓아갔다.

대부분의 학생들이 그 선생님의 수업 시간에 자기만의 공부를 할 때도 나는 끙끙대며 복잡한 계산 문제를 매번 풀어나갔다. 물론 노력했기에 가능했겠지만, 수능날 수학에서 단 하나의 계산 실수도 하지 않은 것은 이러한 '누적의 힘'을 믿고 남들이 하찮게 보는 모든 시간까지도 완벽히 활용했던 습관이 큰 이유였다는 것을 그 누구도 결코 부정할 수 없을 것이다.

교시	시간	월	화	수	목	금	토	일
아침 준비	06:30 ~ 07:50			기상, 세면, 아침식사				아침준비 (07:00 ~ 08:20)
	07:50 ~ 08:00			수업 준비 (담임시간)				
1	08:00~08:50							
2	09:00 ~ 09:50			오전 수업				자율 학습
3	10:00 ~ 10:50							
4	11:00 ~ 11:50							
점심 식사	11:50 ~ 13:00			점심식사				
담임 시간	13:00 ~ 13:00			담임 입실지도				
5	13:10 ~ 14:00							
6	14:10 ~ 15:00						자율 학습	
7	15:10 ~ 16:00			오후 수업				
8	16:10 ~ 17:00						Contents 학습	
9	17:10 ~ 18:00							
저녁 식사	18:00 ~ 19:00			저녁식사				
담임 시간	19:00 ~ 19:10			담임시간				
자율 학습	17:10 ~ 20:30			자율 학습 (1:1 질문지도)				자율 학습 (종교활동)
	20:40 ~ 22:20							
간식	22:00 ~ 22:20			간식				
자율 학습	22:20 ~ 23:40			자율 학습			내무검사	자율 학습
취침 준비	23:40 ~ 24:10			세면, 점호, 취침				

당시 재수학원의 주간 일과표

공부를 위한
계획을 짜다

 나의 공부 시간 확보가 남들보다 훨씬 많이, 충분히 이루어진 이후에 가장 중요했던 것은 그 시간들과 남은 자습 시간을 '알차게' 보내는 것이었다. 긴 시간 앉아 공부를 오래하면서도 성적이 오르지 않는 학생들을 수도 없이 많이 보았을 것이다. 그 중 한 명이 '고등학생 김현수'였다.

 앞서 이야기했듯이 나는 고등학교 시절 경험으로 인해 현재까지도 '앉아있는 시간'을 신뢰하지 않는다. 얼마나 앉아있느냐 보다 어떻게 앉아있느냐가 중요하다는 것을 '고등학생 김현수'를 통해 배웠기 때문이다. 그 시절을 반복하지 않기 위해 새롭게 했던 것이 바로 '계획

짜기'였다.

나는 이때의 경험 때문에 현재도 가르치는 학생들에게 계획 짜는 법부터 먼저 알려주고, 계획을 짜고 이를 실천하는 것이 공부의 대부분을 차지할 정도로 중요하다고 강조한다. 그러나 고등학교 때는 제대로 계획을 짜서 공부해본 적이 없기 때문에 며칠 동안 우여곡절을 겪으며 결국에는 아주 효율적인 계획 짜는 법을 구상했다.

큰 그림부터 그리기 🖊

매일 그때그때 생각나는 대로 계획을 짜서 공부하는 학생들이 많다. 결코 제대로 된 계획이라고 할 수 없다. 그날그날 생각나는 대로 계획을 짜는 것은, 그냥 계획을 짜지 않고 그때그때 손에 잡히는 대로 공부하는 것과 다를 바가 없다. 계획을 짜는 이유 중 하나는 목표를 설정하고 그 목표를 위해 올바른 '방향성'을 잃지 않고 공부를 하기 위함이다.

그래서 우선 목표를 정하고 큰 방향성을 설정하는 것이 중요하다. 나의 목표는 '과정'에 대한 목표와 '결과'에 대한 목표, 두 가지가 있었다. '과정'에 대해서는 '후회 없는 재수생활'을 하는 것이었고, '결과'는 '수능 만점 그리고 의대 진학'이었다.

두 가지 목표를 설정하고 큼직큼직한 나의 재수 생활에 대한 계획을 짰다. 물론 굉장히 포괄적이고 추상적인 계획이지만, 큰 계획이 선행된 이후에 자세한 계획을 짜는 것이 방향성 유지 면에서 훨씬 나았다. 이를테면 다음과 같았다.

1년 계획

❖ 3~5월

3~5월까지는 개념을 완성하는 데에 초점을 둔다. 개념이 부족하기 때문에 다급하게 문제 풀이 능력을 기르기보다는 모든 개념을 완벽히 암기, 이해하고 서로 연결하여 생각할 수 있을 정도로 개념 공부를 완벽하게 해낸다.

❖ 5~7월

5~7월에는 그동안 발견된 수많은 오답들에 대해서 완벽하게 공부하고, 6월 모의고사 등을 대비하는 과정에서 문제 풀이 연습도 늘려간다. 그러나 이때까지는 절대로 문제를 푸는데 있어서 시간을 제한하지 않는다. 일단 맞출 수 있을 때 시간을 줄여가는 것이다. 문제를 푸는 속도가 아니라 푸는 완성도를 높여나가는 공부를 한다.

7~9월에는 속도를 올려가며 시간을 조절하는 연습을 한다. 이때부터 시간을 재며 문제 푸는 연습을 한다. 단원 별로 문제 푸는 것을 줄여 나가고 조금씩 모의고사 형태의 문제 풀이를 늘려 나간다. 9월에는 수시 접수 기간이나 9월 모의고사에 흔들리지 말고 문제를 계속 풀어나가며 발생하는 오답들을 줄여 나간다.

10~11월에는 지금까지 나온 부족한 점들을 완벽하게 보완하고 복습한다. 수능을 위한 공부를 하고 수능에서 대박을 친다.

어찌 보면 당연한 얘기들이다. 일부는 나중에 약간 변경되기도 했다. 그러나 이러한 큰 계획을 플래너 앞부분에 적어놓았기 때문에 새로운 책을 살 때나 다음 공부의 방향성을 정할 때 의미없는 공부를 하지 않고 그때그때 내게 필요한 공부를 할 수 있었다.

처음부터 매일 시간을 재어가며 문제를 푸는 학생들이 많은데, 나는 완성도를 높이는 데 초점을 맞췄기 때문에 7월까지 실력 자체를 올리고 이후에 시간을 재며 속도를 올려 수능날 좋은 점수를 맞을 수 있는 공부를 할 수 있었다. 그 외에도 과목별 특성에 맞는 분배에 따른 큰 그림도 그려졌다. 일단 국영수와 과학탐구 과목을 분리하여 생각했다.

국영수는 개념, 기초부터 탄탄히 쌓아야 하고 이를 또 문제에 적용하는 데까지 긴 시간이 걸린다. 결코 단기간에 점수를 올릴 수 없는 과목들이다. 이론 하나를 배우고 그 이론을 수능 문제에 적용해서 한 문제를 맞히기까지 엄청난 양의 공부가 필요하다. 후반 스퍼트 혹은 벼락치기가 통하지 않는 과목들이다.

그러나 과학탐구는 다르다. 과학탐구는 짧은 기간에 많은 지식을 쌓음과 동시에 엄청나게 많은 문제를 풀어서 점수의 향상을 이뤄낼 수 있는 과목이다. 물론 기본 지식이 중요하기 때문에 어느 정도의 공부는 할 필요가 있지만, 국영수와는 비교가 안 될 정도로 후반 스퍼트가 빛을 발할 수 있는 과목이다.

그래서 정말 과감한 계획을 세웠다. 국영수는 점수를 올리기 어려운 만큼 9월 모의고사까지는 국영수의 공부 비율을 높게 가져가고, 수능이 가까워질수록 효과를 볼 수 있는 과학탐구 과목의 공부량을 크게 늘리기로 했다.

실제로 이 전략을 그대로 실천했고, 국영수 성적의 오름에 비해 과학탐구 과목의 점수는 빠르게 떨어져 총점만 보면 점수가 크게 오르지 않는 듯이 보였다. 하지만 9월 모의고사 이후 엄청난 스퍼트로 과학탐구 과목의 점수까지 올려 실제 수능에서는 특정 과목에 치우치지 않고 균형 잡힌, 좋은 성적을 얻어낼 수 있었다.

한 달 계획 세우기 🖉

이제부터는 간단하다. 조금씩 작은 범위로 나누어 계획을 짜는 것이다. 매일 계획을 그때그때 짜면 그날의 선호도나 감정에 따라 공부를 취사선택하며 굉장히 산발적인 공부를 하게 되는 반면, 큰 계획을 짜고 작은 계획으로 좁혀 들어가면 장기적으로 봤을 때 의도한 결과를 이끌어낼 수가 있다.

앞서 1년 전체를 몇 개로 나누어 계획을 짰으니 그 다음부터는 한 달 계획을 짜면 된다.

예를 들어 3~5월에 개념을 완성하기 위한 공부를 한다고 했으니 3월 첫 달에 모든 과목에 대한 개념서 한 권을 먼저 공부한다는 계획을 세우는 것이다. 4월의 계획은 그때 가서 진도를 보고 고민하면 된다. 어찌됐건 3~5월 안에 개념을 완성하기 위해 당장 할 수 있는 것들부터 한 달 계획에 넣으면 된다.

한 달 계획의 좋은 점은 바로 '무리'하게 된다는 것이다. 하루 단위로 계획을 짜면 하루가 굉장히 짧아 보이기 때문에 그냥 적당한 양의 공부량으로 타협하게 되는데, 한 달 단위의 계획을 짤 때는 한 달이

길어 보이기에 욕심이 생기고 통 크게 계획을 짜게 된다.

이렇게 본인에게 무리한 계획이 주어질 때, 학생들은 최선을 다하게 된다. 아무리 본인이 짠 계획이지만 적당히 해서는 달성할 수 없는 무리한 계획이다 보니 이전에는 그냥 지나치던 작은 시간도 끌어와서 사용하게 된다. 밥 먹는 시간, 친구와의 잡담 시간도 조금씩 줄여가며 본인의 잠재력을 터뜨릴 수 있는 계기가 마련된다.

실제로 내 플래너를 보면, 270일의 재수 생활 중 하루에 주어진 모든 계획을 전부 해낸 날은 손에 꼽을 정도로 늘 무리한 계획을 세웠다. 나는 처음 한 달 동안 총 8권의 EBS 책을 풀자는 계획을 세웠다. 굉장히 무리한 양이었던 만큼 내가 소화할 수 있는 공부의 양, 수용 능력Capacity 자체가 비약적으로 증가하는 계기가 되었다.

한 주 계획 세우기 🖊

예상한 제목일 것이다. 한 달의 계획을 짰다면, 다음은 한 주이다.

일단 계획 짜는 데에 시간을 너무 오래 쓰면 안 된다. 어차피 한 달 계획을 세웠으면 한 주에는 대강 한 달 계획의 1/4을 해내야 한다. 그러니 한 달 계획을 4로 나눈다. 이때 나누는 단위는 개인이 알아서 선택하면 되는데, 페이지를 기준으로 나눌 수도 있고 단원 수나 문제 수로 나눌 수도 있다.

예를 들어 200페이지 수학책을 한 달 동안 풀 계획이라면 일주일에 50페이지를 풀면 되고, 8단원이라면 일주일에 2단원씩 풀어도 좋다. 총 1000문제가 있다면 일주일에 250문제를 풀면 된다. 어찌됐건 중요한 건 꾸준한 양을 공부할 수 있도록 나누는 것이다.

나는 개념서로 개념을 차례대로 공부하는 것이 중요했기에 단원 기준으로 나눴다. 또한 문제가 많은 문제집이라면 페이지나 문제 개수를 기준으로 나누곤 했었다. 여기서 주의할 점은 각 과목별로 따로 나눠야 한다는 것이다.

예를 들어 국어 1권, 수학 1권, 영어 1권, 과학 1권 총 4권의 책을 한 달에 풀 계획이라면 첫 주에는 국어 1권, 둘째 주에는 수학 1권…식으로 계획을 짜면 안 된다는 것이다. 이 계획법은 개인적인 선호도에 의해 특정 과목에 치중하는 것을 막고, 매일 전과목을 균등하게 꾸준히 공부하도록 하는 데에 그 본질적인 목적이 있다.

매주 월요일 아침, 나는 교실에 도착하면 일주일간의 계획을 적었다. 월초에 계획해 둔 월간 계획을 보고 4로 나누어 적으면 됐기 때문에 어려울 것은 없었다. 그냥 각각의 책을 꺼내서 페이지나 단원, 문제 수를 확인하고 하나씩 적어 나갔다. 그렇게 각 과목별로, 책 별로, 일주일간 소화할 양을 정했다.

하루 계획 세우기 ✏

하루 계획은 매일 아침, 교실에서 가장 먼저 세웠다. 이때 많은 학생들이 잘못하는 것 중 하나는 계획을 시간 단위로 짠다는 것이다. 첫 쉬는 시간에는 어떤 공부를 하고, 몇 시부터 몇 시까지는 또 어떤 공부를 하고... 그러나 이런 식으로 계획을 짰다가는 그 어떤 공부도 제대로 하지 못한 채 하루가 끝나기 십상이다.

계획은 아직 공부하지 않은 부분을 다루기 때문에 어떤 공부에 얼마나 시간이 걸릴지 예상하기가 힘들다. 수학 한 페이지로 두 시간을 끙끙대고 있을 수도 있고, 과학 100문제를 1시간 만에 풀 수도 있다. 그래서 모든 것은 시간이 아닌 분량을 기준으로 짜고 이후에 어떻게든 하루 할당량을 전부 해내기 위해 노력하면 된다.

하루 계획은 지금까지 한 달 계획을 4로 나누어 주간 계획을 세운 것처럼 7로 나누면 될 것 같다. 그러나 단순히 한 주의 계획을 7로 나누어 하루에 넣으면 여러 가지 문제가 생긴다. 문제를 푼 이후 오답을 정리할 시간도 부족하고, 하루 계획을 전부 달성하지 못했을 때 하루하루 밀려가는 계획들을 감당할 수가 없다. 나는 이런 문제점을 발견하고 주말을 적극적으로 활용함으로써 이를 해결했다.

주말 활용하기 🖊

주말을 활용하기 위해 일주일간 공부 계획을 5로 나눈다. 일주일에 어떤 책의 1~50페이지를 풀 계획이라면, 월요일에는 1~10페이지를 풀면 된다. 이때 주의할 점은 매일매일 계획을 새롭게 짜야 한다는 것이다.

한 주를 시작할 때 '월요일은 1~10페이지, 화요일은 11~20페이지, 수요일은 21~30페이지…'와 같이 적으면 안 된다. 이렇게 계획을 짜 놓으면 월요일에 계획을 달성하지 못했을 때 화요일 계획이 애매해질 수밖에 없다.

예를 들어 월요일에 1~6페이지까지 밖에 풀지 못한 상태로 화요일에 11~20페이지를 풀 수도 없고, 그렇다고 미처 못한 7페이지에서 20페이지까지 풀기에는 하루 공부량으로 너무 많은 양이다. 계획을 못 채웠어도 일정 분량을 지킨다.

일단 일주일에 1~50페이지를 풀기로 하고 5로 나눴으므로 하루에 풀 양은 10페이지이다. 그래서 전날 계획을 다하지 못했더라도 다른 계획에 영향을 주지 않도록 매일 똑같은 양을 부여하는 것이다. 월요일에 6페이지까지 밖에 풀지 못했다면, 다음날은 7~16페이지까지 푸는 것으로 계획해야 한다.

이때 틀린 문제에 얽매이지 않고 매일 일정한 양을 꾸준히 풀어서, 계획한 만큼 진도를 나가는 습관을 만드는 것이 중요하다. 그날그날 문제를 풀고 채점을 하면 틀린 문제들이 생기지만 일단은 틀린 문제에 체크만 해두고, 오답 정리는 주말로 미뤄둔다.

평일에는 진도를 일정하게 나가는 데에 중점을 둔다. 이렇게 진행해서 매일 계획을 달성하여 금요일까지 계획을 모두 달성했다면 월요일에 미처 다 풀지 못한 4페이지로 인해 일주일 계획 1~50페이지 중에 46페이지까지 푼 상태가 될 것이다. 이때 남은 4페이지를 토요일에 하는 것이다.

고등학생이나 재수생의 수업은 대체로 평일에 편성되어 있고 주말에는 긴 자습 시간이 주어진다. 그 중 토요일에 미처 다 하지 못한 양을 전부 소화한다. 지금은 예시라서 4페이지만 하면 될 것 같지만, 실제로 여러 과목의 계획이 겹쳐지면 월요일부터 금요일까지 못한 공부량이 상당할 것이다.

문제 푸는 속도가 느리던 초반의 나는, 계획대로 못한 양이 너무 많아서 토요일 하루를 통째로 써도 다 소화하지 못할 정도로 많은 양이 쌓이곤 했다.

그렇게 평일에 쌓인 미달량을 모두 해내고 나면 그때부터 오답 정리를 하면 된다. 일주일 동안 쌓인 오답이라 이 역시도 양이 만만치가 않았다. 더군다나 말 그대로 오답이다. 기껏 열심히 풀었는데 틀린 문제이거나 아예 풀지도 못한 문제들이다.

내 실력이 미치지 못하는 고난이도 문제들은 한 문제를 풀 때 걸리는 시간이 훨씬 길다. 그렇게 긴 시간을 투자했음에도 풀지 못하는 경우가 발생했다. 그래서 이 모든 문제를 남은 주말을 활용해 해결했다. 어떤 과목이든 절대로 해설지를 보지 말고 스스로 생각해서 틀린 문제는 틀린 부분을 찾아내어 수정하고, 모르는 문제 역시 책을 뒤져가며 어떻게든 풀기 위해 노력했다.

주말에는 수업이 없고 자습 시간이 워낙 많기 때문에 해이하게 보내지만 않는다면 엄청난 양의 공부를 할 수 있는 절호의 기회이다. 평일에 나온 오답과 모르는 문제들에 대해 고민하고 다시 풀기에 아주 좋은 시간이다.

평일에는 개념을 공부하고 문제를 풀어가며 새로운 것을 배우며 기존에 알고 있던 것들에 대한 연습을 하고, 주말에는 평일에 찾아낸 나의 부족한 점들을 보완하는 균형 잡힌 공부를 하게 되었다.

이렇게까지 했는데도 풀리지 않은 문제가 있다면 그 다음 주 평일에 선생님이나 친구에게 물어보고 그 주말에 다시 풀어보곤 했다. 이렇게 공부를 하다가 깨달은 장점이 또 한 가지 있다. 문제를 풀고 채점을 한 이후 바로 오답 정리를 하면, 방금 풀고 채점한 문제라 언뜻 본 정답도 기억나고 잘못된 풀이 과정도 세세하게 기억이 나서 새로운 풀이를 구사하지 못한다.

하지만 약간의 간격을 두고 주말에 풀면 다시 한 번 백지 상태에서 출발하여 문제에 접근할 수 있게 되었다. 그래서 같은 문제도 선입견 없이 보다 다양한 접근을 시도할 수 있고, 그 과정에서 많은 것을 배울 수 있는 기회도 가질 수 있었다.

나는 재수학원에 입소한 뒤 둘째 주부터 이 방식으로 계획을 짜기 시작해서 수능 4주 전까지는 이 방식을 철저히 유지했다. 수능 4주 전에

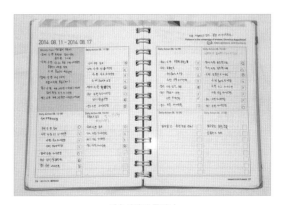

재수시절의 플래너

는 평일과 주말의 경계를 허물고 최종적인 복습을 매일 하며 수능 기출 문제를 반복해 푸는 방식으로 전환했지만, 그 전까지 나의 재수 생활의 거의 대부분은 이러한 계획에 맞추어 빈틈없이 보냈다.

매달, 매주, 매일, 단 하루도 빠짐없이 계획을 무리하게 짰고, 이를 달성해 내기 위해 최선을 다해야 했다. 과한 계획 때문에라도 한 순간도 고삐를 놓을 수가 없었다. 그렇게 하다 보니 집중력을 유지하는 힘이 늘어나며 공부의 밀도가 올라갔다. 굳이 따로 시간을 재지 않더라도 조금씩 문제 푸는 속도가 빨라졌다.

공부의 능력치가 올라갔다고 방심하지 않았고 능력치가 올라갈수록 더 욕심내서 계획의 양을 점차 늘렸다. 갈수록 공부하는 양이 어마어마하게 증가했다. 나중에는 일주일에 공부하는 양이 고등학교 3학년 1년 간 공부한 양보다 많다고 느껴질 정도였다.

계획을 잘 짜고 실천해내기만 한다면 수험생활은 실패하기가 힘들다. 그만큼 계획은 중요하고 수험생활의 전반적인 질을 결정한다고 할 수 있다. 물론 여기 있는 내용이 나만의 것이라거나 절대적이라고 말할 수는 없다. 더 좋은 자신만의 방법이 있는 사람도 있을 것이다.

계획을 어떻게 짜든 중요한 것은 꾸준하게 방향성을 잃지 않고 공부하는 것 그리고 매일 부족한 부분을 찾고 보완해나가는 과정을 거치는 것이다. 그럴 수만 있다면 방법은 크게 중요한 것이 아닐 수도 있다.

그러나 계획을 짜본 적이 없어 당장 어떻게 공부를 시작해야 할지 고민하는 사람들에게는 이 계획 짜는 방법으로 내가 겪었던 우여곡절이나 시행착오를 겪지 않고 바로 공부를 시작할 수 있는 좋은 참고가 되기를 바란다.

공부에
재미를 더하다

공부는 왜 재미가 없는가. 드물게 공부에 재미를 느낀다는 학생들도 있지만 적어도 고등학교를 졸업한 나는 그런 부류의 학생은 아니었다. 공부가 재미없으면 처음 며칠은 의무감에 열심히 할 수 있어도 결국은 서서히 공부를 놓게 될 것이 분명했다. 그래서 공부가 왜, 누군가에게는 재미있고 나에게는 재미가 없었는지를 고민해봤다. 결론은 간단했고 잔인했다.

고등학교 때 공부보다 친구와의 대화가 즐거웠고, 가만히 앉아서 대학생이 된 내 모습을 생각하는 게 즐거웠으며, 여학생들과 문자를 주고받는 게 즐거웠다. 사람의 마음은 단순하다. 보다 더 재밌는 것을 먼저, 우선적으로 하게 된다. 종종 재미있고 하고 싶은 것들을 잘 참고 대신 중요한 일들을 먼저 하는 사람들도 있는데, 이런 사람들을 '자제력이 좋다'고 한다.

이때까지 나는 자제력이라고는 전혀 없는 사람이었다. 19년을 그렇게 살아왔는데 아무리 재수를 하게 됐다고 해도 갑자기 없던 자제력이 생길 수는 없는 노릇이었다. 고등학교 때와 똑같이 지내면 결국 더 재밌는 것을 찾을 것이고, 어느 순간부터 공부에 대한 우선순위가 뒤로 밀릴 것이라는 두려움이 있었다. 그래서 공부에 강제로 재미를 부여하기로 했다.

스스로를 통제하는 '자제력'이 부족했던 나는, 스스로를 바꾸기보단 환경을 통제하기로 했다. 우선 내가 재미있어 하고 공부보다 우선순위에 두는 것들을 먼저 생각해봤다. 친구와의 대화를 즐겼고, 노래를 즐겨 듣고 불렀으며 야자 시간에 가만히 앉아 딴 생각을 하느라 시간을 많이 보냈다. 입시 전형을 이것저것 찾아보느라 정작 내 공부는 등한시하는 경향이 있었다.

공부에 재미를 느끼는 방법은 간단했다. 나의 생활 안에서 공부가 가장 재밌는 것이 되도록 환경을 조성하는 것이었다. 공부의 우선순위가 뒤로 밀리는 이유는 더 재미있는 것들이 본능적으로 우선순위의 앞쪽으로 오기 때문이기에 재미있는 요소 자체를 아예 없애 버리자는 단순한 생각이었다.

깊은 대화를 할 친구를 만들지 않기 위해 교실에서 대화는 최소로 했으며, 밥을 혼자 먹었다. 음악은 일체 듣지 않으며 입시 전형에는 관심을 가지지 않았다. 이전에는 야자 시간에 잡념이 떠오르면 더 빠져드는 경향이 있었는데 이젠 쫓아내려고 애쓰기 시작했다.

기존의 모든 즐거움을 차단했다. 이런 끔직하고 삭막한 일과 속에서 내게 가장 재미있는 일은 바로 공부가 되었다. 급식실에서 모르는 학생들 사이에서 낯선 시선을 받으며 혼자 밥을 먹는 것보다, 교실에서 별로 친하지 않은 친구들 사이에서 혼자만의 즐거운 잡념에 빠져드는 것보다는 공부를 하는 게 훨씬 보람찼고 재미있었다.

처음엔 스스로를 바꾸기보다 환경을 바꿈으로써 공부에 강제로 재미를 부여했는데, 시간이 지날수록 정말로 공부에 재미가 느껴지기 시작했다. 하루하루 공부하는 양이 엄청나다 보니 지식이 늘고 실력이 길러지는 것을 체감했다. 이전에는 어렵고 이해가 가지 않았던 내용들이 며칠만 지나면 쉽게 해결이 되다보니 너무나도 신기했고 재미가 없을 수가 없었다.

나 스스로도 믿겨지지 않았지만 공부가 재밌다던 학생들이 이해가기 시작했다. 비록 여전히 실력은 부족했고 수많은 문제를 틀렸지만 그래도 문제를 풀 때 달라진 것을 스스로 느꼈다. 공부라는 것은 기본적으로 성취감이 있어야 더 탄력이 붙는데, 성취감을 느끼기 위해서는 꽤 많은 양의 공부가 필요했다.

공부에 재미를 더하기 위해 단순한 노트도 책처럼 만들었다.

공부의 재미를 단기간 약간의 공부로는 느끼기 힘든 것인데, 많은 학생들이 적당한 공부로 성취감을 얻기 바라고 그것이 단기간에 느껴지지 않으면 공부가 재미없다며 포기해버리곤 한다. 나는 그런 일을 방지하기 위해 재밌다고 느꼈던 모든 방해 요소들을 차단했다. 이를 통해 조금이나마 공부에 재미를 느끼는 계기가 된 것이다.

세상 모든 일에 공짜가 없듯이 무언가를 희생하지 않고 특정 결과를 원한다면 그건 욕심이다. 지금 여러분이 공부를 미루게 되는 요소들은 무엇인가? 수없이 많을 것이다. 쉽지 않겠지만 그런 것들을 하나하나 없애고 차단한다면 어느새 공부가 여러분의 즐거움, 최우선순위가 되어 있는 순간을 마주할 수 있을 것이다.

공부의 효율을 위한
쉼이 필요하다

입소한 지 약 20일 정도 지난 후 나는 이전의 김현수와는 완전히 달라져 있었다. 강의실에서는 말도 거의 하지 않아 목소리를 까먹겠다고 느낄 정도였으며, 씻는 시간과 자는 시간을 제외하고는 모든 시간을 공부하는 데 쓰고 있었다. 바뀐 내 모습이 정말 만족스러웠고 기대 이상이었지만 한 가지 답답한 점이 있다면 학원 내규에 의거해 그 기간 동안은 부모님과 연락을 할 수가 없다는 점이었다.

아마 첫 달에 부모님과 연락하면 많은 학생들이 마음이 약해지거나 흔들릴 수 있어서 그랬던 것 같다. 어쨌거나 부모님께 바뀐 나의 모습을 전달하지 못하니 부모님도 나도 답답하기만 했다.

그래서였을까? 담임선생님을 통해 부모님으로부터 첫 휴가는 나오는 게 좋겠다는 메시지를 전달받았다. 나 역시도 부모님과 연락이 안 된다는 점에서 다소 답답함을 느끼고 있던 시점이라 비록 재수를 시작할 때 휴가를 나오지 않겠다는 다짐에서는 좀 벗어났지만 나머지 기간을 기대 이상으로 훌륭하게 보낸 나에게 제공하는 보상이라고 생각했다.

휴가를 나가기 전 평소와 다르게 수업도 없이 그야말로 나만의 시간이 온전히 주어지기 때문에 거창한 계획을 세웠다. 평소에 워낙 무리한 양의 계획을 짜다보니 시간이 부족했다. 그래서 그때 못한 공부들을 휴가 때 집에 가서 편하게 해보고 싶었다. 휴가 당일 많은 양의 책을 가방에 넣음으로써 집에 갈 채비를 마쳤다.

버스를 타고 대전으로 향하는 길에 뿌듯함과 기분 좋은 설렘이 가득했다. 고작 한 달 정도 지났고 아직 수능을 본 것도 아니지만, 뭔가 '금의환향'한다는 느낌이 들 정도로 나의 지난 한 달은 당당했고 자랑스러웠다. 나의 이러한 한 달을 궁금해 하실 부모님께 알려드리고, 집에서 나만의 시간을 온전히 누리며 최근 못 다한 공부를 마치겠다는 생각과 보다 더 좋아진 실력으로 학원에 돌아갈 생각을 하니 왠지 벌써부터 뿌듯했다.

집에 돌아와 간만에 뵌 부모님께 자랑스러운 첫 달의 성과를 말씀

드렸다. 완전히 달라진 나의 모습 그리고 계획했던 내용 이상으로 공부를 열심히 하고 많이 하고 있다는 나의 말에 불안해하시던 부모님도 안심하시는 눈치였다. 이제 집에서 공부하는 달라진 모습만 보여주면 되는 것이었다.

그러나 학원에서는 누구보다도 열심히 하며 완벽히 달라진 모습으로 오직 공부에만 몰두하던 내가 집에서는 공부할 마음이 전혀 생기지 않았다. 기숙학원에서 완벽하게 달라졌다고 생각했던 내가 집이라는 익숙하고 편안한 환경에 오자 다시 원래대로의 모습을 보였다.

매일 6시간 이하로 자면서도 누적되는 피로를 강한 정신력으로 버텨냈던 재수학원에서의 모습은 어디 가고, 8시간씩 늘어져라 자는 나의 모습은 결국 고등학교 때의 모습과 비슷했다. 너무 편한 탓에 계획했던 공부를 하지 않는 것에 대한 죄책감도 들지 않았다.

집에서 공부가 잘 되는 사람도 있겠지만 나는 그런 자제력이나 통제력이 아직까지는 부족한 학생이었던 것이다. 기숙학원이라는 낯선, 불편한 환경이 나에게 통제력을 부여하고 있음을 깨달았다.

주어진 휴가는 3박 4일이었지만 어차피 집에서 공부를 하지 않을 뿐더러 모두가 복귀하는 시간에 복귀하면 분위기도 어수선하고 심적으로도 심란할 것 같아서 남들보다 하루 일찍, 2박 3일 만에 학원에 복귀하기로 마음먹었다. 대신 집에서는 그동안 먹지 못했던 맛있는 음식들도 먹고 못 잤던 잠도 푹 자면서 휴식을 취했다.

재수학원 학생들 중 많은 수가 휴가 때 친구들을 만나서 놀곤 했는데 나는 그러지 않았다. SNS를 애용하는 나였지만 아무에게도 휴가를 알리지 않았다. 그저 조용히 집에서 휴식만 취하다가 들어갔다.

기왕 공부 안 하는 거 쉬기라도 잘 쉬어야 했다. 놀기에는 체력이 아까웠다. 심지어 티비도 보지 않으며 외부 문물과의 접촉도 최소화했다. 공부하겠다며 챙겨온 책들이 꽉 찬 무거운 가방은 풀지도 않은 채 그대로 들고 2박 3일 만에 재수학원에 복귀했다.

처음 학원에 복귀했을 때는 여러 가지 걱정이 앞섰다. 행여 짧은 휴식으로 인해 생체 리듬이 깨지고 풀어지지는 않았을지, 공부를 열심히 하는 학생들에게 뒤처지지는 않았을지, 집이 그리워지지는 않을지 등 여러 가지 생각으로 머리가 복잡했지만 복귀하자마자 공부를 시작했다. 그런데 의외의 놀라운 효과를 발견했다.

휴가 때 충분한 휴식을 취하고 돌아온 후라 그런지 공부가 정말 잘되는 것이 아닌가. 나도 모르게 무리가 되었던 생활 패턴 때문에 몸에 피로가 누적이 되어 있었다. 그런데 그것이 사라지면서 졸리다는 느낌이나 뻐근한 느낌이 전혀 없었다. 오히려 휴가를 나가기 전보다 훨씬 좋은 효율로 공부를 할 수 있었다.

그리고 집의 '편안함'과 '익숙함'에 취약한 상태였는데, 휴가를 나갔다 학원에 들어오니 마치 학원에 처음 온 것처럼 '불편함'과 '낯섦'이 느껴졌다. 덕분에 더욱 정신을 다잡고 열심히 할 수 있는 원동력이 되었다. 그야말로 새로고침Refresh이었다. 아무 것도 안하고 휴식만 취하고 왔기에 느낄 수 있는 느낌이었다.

이때 휴식의 중요성을 알게 되었다. 그래서 재수를 시작할 때 다짐했던 나와의 약속 중 한 가지를 깨기로 마음먹었다. 바로 '휴가는 일체 나오지 않는다.'라는 약속이다. 270일이라는 시간이 짧은 시간은 아니기 때문에 무작정 계속 달리면 지칠 수 있고, 환경에 익숙해지며 나태해질 수가 있다.

어영부영 270일을 달리는 것보다 한 달에 2~3일의 휴가를 이용해 나머지 27~28일을 엄청난 효율로 활용할 수 있다면 당연히 후자를 택하는 것이 낫다고 판단했다. 당장 2~3일을 쉬면 시간이 아까워 보일 수도 있고 뒤처진다는 불안감이 들 수도 있다. 오히려 이런 느낌이 나머지 27~28일을 헛되이 보내지 않고 남들보다 훨씬 열심히 보낼 수 있도록 했다.

그리고 다음 달의 꿀맛 같은 휴가와 휴식을 취할 자격을 갖추기 위해 단 한 순간도 고삐를 놓지 않게 하는 장치가 되었다. 열심히 하지 않는 상태에서 휴가를 나가는 것은 말도 안 되었기에 휴가를 기다리는 것이 공부를 열심히 하도록 만드는 동기이자 이유 중 하나가 되었다. 내가 지치지 않고 1년 내내 달릴 수 있는 원동력이 되었다.

단 한 번만 나가려고 했던 첫 휴가로 휴식의 힘을 깨달았다. 그래서 수능 한 달 전인 10월 마지막 휴가까지 모든 휴가를 학원 밖으로 나가는 계기가 되었다. 매달 있었던 휴가와 뒤에서 이야기할 다른 몇 가지 체력 관리 노하우를 바탕으로, 나는 270일간 단 한 번도 '슬럼프'라는 게 온 적이 없다.

나의 수험생활 270일 중 총 30일 정도를 휴식에 썼지만 그 30일이 나머지 240일을 그저 남들과 같은 240일이 아닌 480일, 720일의 가치로 만들어준 것이다.

모든 평가를
기회로 활용하자

기숙학원에서 약 한 달 가량이 지났다. 굉장히 의미 있게 보냈다. 처음으로 8권의 책을 처음부터 끝까지 풀어봤고 계획적으로 지냈으며 수업도 새로운 관점으로 열심히 들었다. 이전의 나와는 완전히 다르게 정말 모든 시간을 온전히 나의 공부를 위해 썼다. 이렇게 알차게 살아본 적이 없었다.

한 달간 공부한 양이 고등학교 내내 공부한 양보다 많았다. 실력이 늘었다는 게 느껴졌다. 문제를 볼 때의 깊이가 한 달 전과는 전혀 달랐다. 그래서 의미 없다는 걸 알면서도 내심 기대했던 것이 3월 모의고사였다. 사설 모의고사였지만 그래도 한 달 이상의 기간을 워낙 열심히 살았기 때문에 좋은 성적을 기대하지 않았다고 하면 거짓말이었다.

내일 여기서 보는 첫 공식적 시험이다. 두렵기도 궁금하기도 하지만 생각해보니 두려울 필요는 없다고 본다. 뭐 하러 '고작' 모의고사에 두려움을 가지나? 그럴 필요 없다. 지금 100개를 틀린다 해도 앞으로 이틀에 한 문제씩만 맞혀 가면 다 맞는 것인데. (중략) 뭐 여튼 확실한 건 크게 흔들릴 필요 없다는 것이다. 잘 봤다고 자만할 이유도 못 봤다고 좌절할 필요도 없는 거다. 그냥 여러 가지 Checking만 하고 넘어가면 된다. 또 남들과 비교하지도 말자! 난 그냥 내 점수만 절대적으로 채워주면 되지, 상대적인 건 볼 필요가 없다.

— 일기 중에서

그러나 이전의 한 달을 굉장히 열심히, 그동안과는 전혀 다른 모습으로 살았기에 본능적으로 보상심리를 원하고 좋은 점수를 기대했지만 사실 좋은 점수를 받을 리가 없었다. 꽤나 방대한 수능 범위의 공부를 한 달했다고 사고력이 엄청나게 늘어났다거나 점수가 오른다는 것은 현실적으로 불가능했다. 그게 현실이었다. 한 달만에 점수가 오를 것 같으면 9개월이나 공부할 필요도 없었다.

그렇게 시험을 봤고 역시나 잘 못 봤다. 400점 만점에 200점대를 많이 맞던 고3 시절보다는 나았지만 300점 초반 대였다. 현실적으로 시험을 잘 볼 수가 없는 시기였음에도 시험 성적에 대한 우리 반 학생들의 반응은 의외였다. 수능 때보다 성적이 떨어진 학생도 있었고, 비슷한 학생들도, 오른 학생들도 있었다. 오른 학생들을 제외하고는 전부 다 본인의 점수가 정체되었거나 떨어진 원인을 분석하고 오답 문제를 정리하기보다는 절망하고 슬퍼했다.

어느 정도 점수를 기대할 수도 있고 기대에 못 미치는 점수가 나올 수도 있다. 하지만 그 결과로 인해 슬퍼하고 절망하는 것은 너무 심한 감정소모이자 시간 낭비였다. 그런 우울한 감정에 빠져서 본인 스스로 '슬럼프'라는 가상의 시기를 만들어내기도 한다.

내가 지켜본 대부분의 학생들이 모의고사가 끝난 후 앞에서 설명한 감정 상태를 보이며 공부를 안 해 버린다. 본인의 부족한 점을 찾고 보완하기 위한 수단으로 모의고사를 활용하는 것이 아니라 그냥 '에라이~'와 같은 심정으로 공부를 한동안 놔버린다.

성적이 좋지 않은 학생들에 대해서만 언급했지만 사실 예상보다 성적이 잘 나온 학생들은 또 그것대로 문제였다.

고등학교 3학년 모의고사 수학에서 반타작도 못하던 내가 당시 6

월 평가원 모의고사에서 소위 말하는 '찍신'이 발동한 적이 있다. 수학에서 주관식을 포함해 4점짜리 문제를 무려 5문제 이상 찍어서 맞췄다. 원래는 50점대인 성적이 80점대가 나왔다.

사람의 마음이 참 간사한 게 본인도 스스로 찍어서 맞은 문제들 덕분에 좋은 점수가 나왔음을 안다. 머리로는 그걸 알면서 마음으로는 받아들이지 못하고 그저 시험을 잘 봤다는 뿌듯함에 휩싸인다. 눈에 보이는 80점대라는 점수에 취해 버린다. 심지어는 찍어서 잘 나온 점수에 너무 취한 나머지 '내가 수학을 좀 잘하는 편이지.'라는 말도 안 되는 자만심까지도 생겨서 이때부터 수학에 소홀해지고 결국 몇 개월 후 '수학 8점'이라는 바닥을 찍어 버렸다.

오히려 나는 시험을 못 봤던 수많은 경험과 찍어서 맞은 좋은 점수로 자만했던 경험을 모두 갖고 있었기 때문일까? 모의고사를 보기 전부터 모의고사의 목적과 활용법 등에 대해서 생각하고 활용했다.

자신의 실력을
제대로 아는 것이 중요하다

　모의고사는 말 그대로 모의로 보는 시험이다. 그래서 실제 수능날과 비슷한 패턴으로 시험을 볼 수 있다는 면에서는 꽤나 중요한 시험이다. 그리고 문제의 형태도 비록 수능 문제 정도의 퀄리티는 따라가지 못하지만 수능과 꽤 비슷하게 내기 위해 노력한다. 따라서 해당 시험은 나의 실력을 어느 정도 점검할 수 있는 중요한 기회다.

　그런데 많은 학생들이 모의고사를 보다가 본인이 모르는 문제가 나오거나 두 개의 보기 중 헷갈리는 문제가 나왔을 때 답을 하나로 정해 찍어 버린다. '찍은 문제'가 포함된 성적은 본인의 실력이 아니다. 찍은 문제가 많아질수록 오차는 더욱 커지게 된다. 하지만 학생들은 아무리 모의로 보는 시험이어도 시험은 시험이기에 하나라도 더 맞추기 위해 본능적으로 찍는다.

나는 고등학교 시절 찍어서 맞은 문제로 인해 마음가짐이 흐트러진 경험이 있었기에 이런 실수는 다시 반복하지 말아야겠다는 생각을 했다. 그래서 모의고사에서 절대로 문제를 '찍지' 않았다.

단순히 수학 등에서 못 푼 문제를 찍지 않은 수준에서 그치는 것이 아니라 국어나 영어 등에서도 확실하지 않은 답은 찍지 않음으로써 온전히 내 실력으로 맞춘 문제들만 점수로 받아볼 수 있었다. 그 성적표에 적힌 점수는 나의 진짜 점수였기에 신뢰하고 받아들일 수 있었고 그 점수를 토대로 더 솔직한 피드백을 할 수 있었다.

모의고사는 물론 실력 점검을 위한 목적이 크지만 사실 이 외에도 좋은 '연습'을 하기 위한 시험이기도 하다. 수능과 비슷한 환경에서 평소 각 과목별로 공부하며 연습해본 다양한 방식 등을 직접 적용해보며 과연 나의 공부가 잘 이루어지고 있었는지, 시험 환경에서 적용이 잘 되는지 등을 연습할 수 있는 좋은 기회이다.

많은 학생들이 모의고사를 볼 때 이러한 목적을 간과하고, 당장 좋은 점수만 얻기 위해 평소와는 다른 방식으로 문제에 급하게 접근하여 찍고 좀 더 많이 맞추기 위한 풀이를 한다. 이런 식이면 제대로 된 연습도 안 될뿐더러 본인의 실력점검도 제대로 이루어질 리가 없다.

모의고사 활용법 ✎

기껏해야 한 달에 한 번 정도 밖에 보지 않는 모의고사를 남들보다 잘 활용하기 위해서 단순히 문제를 푸는 데에만 집중하지 않았다. 수능 당일, 수능 시험지 위에 나의 실력을 충분히 펼쳐내고 싶었고 그 어떤 변수도 내 점수에 개입하지 않길 바랐다. 그러기 위해서는 모의고사 때부터 그런 변수들을 통제할 수 있는 방법을 익혀야 했다.

모의고사 때부터 나의 '루틴'을 완벽하게 설정하기 위해 다양한 루틴들을 적용해보며 실험해봤다.

첫 번째는 문제 풀이 자체에 대한 루틴이었다. 예를 들어 국어 시험의 경우에는 1~15번까지 화법, 작문, 문법 문제, 16~30번까지는 비문학 문제, 31~45번까지는 문학 문제로 구성되어 있었다.

문제를 꼭 1번부터 45번까지 풀 필요는 없다. 주어진 시간 안에 45문제를 잘 풀면 되는 것이었기에 문제 푸는 순서를 다양화하여 모의고사 때마다 조금씩 다르게 풀어 보았다.

결과적으로 쉽고 정보량이 적은 1~15번까지 먼저 푼 다음 정보량이 많은 16~30번 비문학 문제를 바로 들어가기보다는 31~45번의 문학 문제를 먼저 풀면 문제가 잘 풀린다는 것을 여러 번의 실험을 통해 알게 되었다.

영어도 듣기 문제를 푼 다음에 맨 뒤의 40번대 문제를 먼저 풀고 다시 20번대로 돌아가는 것이 나에게는 편했다. 이런 식으로 모든 과목마다 문제 풀이에 있어서 나에게 딱 맞는 루틴을 설정했다. 한 번 루틴이 설정되면 그때부터는 '연습'의 단계로 들어가 모든 모의고사마다 해당 루틴에 맞춰서 문제를 풀어나갔다.

많은 실험과 연습을 통해 내 몸에 딱 맞는 옷을 입고 수험장에 갔으니 수능날 너무나도 편하게 문제를 풀게 된 것은 당연한 일이었다.

단순히 문제를 푸는 순서뿐만 아니라 문제를 푸는 나의 '페이스'도 명확하게 설정해 뒀다. 수능날에는 맘이 급해지고 긴장감을 가지기 때문에 아무리 연습을 많이 해두었어도 당일에 급박하게 문제를 푸는 등 흔들릴 수가 있다. 이런 변수조차도 개입할 여지가 없도록 과목별로 나에게 맞는 '페이스'를 설정했다.

이를테면 수학 시험을 볼 때는 13번, 18번, 28번에 도달했을 때 딱 3번만 시계를 보기로 했는데, 각각의 타이밍마다 내가 몇 분 안쪽에 들어와야 하는지와 같은 페이스를 설정해두고 있었다. 이는 누가 알려준 것이 아니라 내가 수없이 많은 문제를 풀어 보며 스스로 설정한 나만의 페이스였다.

수능을 한 달 앞둔 10월 당시 수학에 상당히 자신감을 갖고 있었던 내가 모의고사에서 옆자리에 앉은 수학 계산이 빠른 학생의 페이스를 따라가려고 무리했다가 앞쪽 쉬운 문제부터 계산 실수로 엄청나게 틀렸던 경험을 했다.

이 경험을 통해 사람마다 각각의 페이스가 있으며 이를 미리 설정해서 그대로 따라가는 것이 안전하다는 깨달음을 얻었고 수능날에도 오버페이스 하는 일 없이 완벽한 나만의 페이스로 수능날의 긴장감에 휘둘리지 않고 차분하게 문세를 풀 수 있었다.

다음은 수능날, 그 하루의 동선에 대한 루틴이었다. 수능은 엄연히 시간표가 존재하는 시험이고 학생들도 그 시간표에 따라 시험을 보게 된다. 과목별 시험 시간도, 그 사이 쉬는 시간이나 점심시간도 모두 정해져 있다. 이런 상황에서 수능 당일에 쉬는 시간이나 점심시간에 예상치 못한 일이 생긴다면 시험을 망치게 될 것이다.

그래서 나는 쉬는 시간이나 점심시간 나의 움직임도 모의고사 때부터 많은 실험으로 미리 설정해 뒀다. 나는 모의고사를 볼 때부터 쉬는 시간이 되자마자 화장실을 바로 가고, 나와서는 밖에 있는 운동장을 돌며 그 전 과목에 대한 생각을 정리했다. 귀마개를 끼고 남은 시간 동안 다음 과목을 공부하며 다음 과목 시험에 대비하는 연습을 해 두었다.

그리고 모의고사 때마다 오전에 시험을 본 이후 점심을 과식하면 오히려 과식으로 인해 오후 영어 시간에 졸음과 집중력 저하로 이어졌다. 그래서 점심을 먹지 않기로 했다. 점심을 먹지 않는 대신 에너지와 당을 충전할 수 있도록 간단한 간식을 먹기로 했는데, 이것 역시 모의고사 때마다 다양한 간식을 먹어보며 미리 충분한 테스트를 하였다. 여러 가지 간식을 먹어본 결과 가장 만족스러운 간식을 찾았고 결국 수능날 점심에도 그 간식을 먹었다.

많은 고등학교 선생님이나 재수학원에서 학생들에게 수능이 끝난 이후 수험표 뒷면에 본인이 쓴 정답을 체크할 수 있는 스티커를 나눠준다. 수능 점수가 나오는 20일 이전에 미리 본인의 위치를 파악할 수 있도록 가채점을 하는데 나는 가채점을 할 필요가 없었다.

가채점의 목적이 대부분 수능 점수가 예상보다 너무 잘 나와 수시로 쓴 대학에서 소위 '납치'를 당하지 않도록 하는 것이다. 그런데 내 목표는 의대였고 대부분의 의대는 수시로 합격하기 위해서 1점대 초반의 내신 점수가 필요했다.

이미 고등학교를 낮은 내신 점수로 졸업한 나는 어차피 좋은 수능 점수로 정시에 지원하는 길 밖에 없었다. 사실 나를 수시에서 납치할 대학도 없었고 납치당할 위험도 없었다. 물론 본인의 위치를 어느 정도 미리 알면 추후 계획을 세울 수 있기 때문에 좋기도 하지만, 내가 모의고사에서 가채점을 해본 결과 개인적으로 방해가 됐다.

가채점보다도 중요한 건 시험에서 좋은 점수를 받는 것인데, 가채점 때문에 뺏기는 시간도 아까웠고 온전히 집중하는 데에도 방해가 됐다. 이런 나의 개인적인 성향도 일찌감치 모의고사를 통해 확인했기 때문에 수능날 가채점을 하지 않는 것으로 결정했다.

모의고사를 통해 다양한 것들을 연습하고 실험해볼 수가 있다. 많은 학생들이 접근하듯이 '많이 맞추는 것' 이상으로 중요한 것이 이런 연습들이라고 생각한다. 어차피 모의고사에 출제된 문제는 수능날 절대 나오지 않는다. 대신 엄선된 문제인 만큼 본인의 실력 확인과 철저한 연습을 통해 수능날 그 어떤 변수도 나의 점수에 개입하지 못하게끔 모든 것을 완벽하게 설정해 두는 것이 중요하다.

기껏 열심히 공부해 놨는데 수능날 점심을 많이 먹어서 졸아 버린다거나 긴장감으로 오버페이스 하다가 사소한 실수 등으로 점수가 깎인다면 얼마나 억울하겠는가. 모의고사는 이러한 변수들을 완벽하게 통제할 나만의 하루를 설정할 수 있는 아주 좋은 기회이기에 단순히 모의고사를 잘 보는 것보다도 잘 활용하는 것이 중요하다.

모의고사 이후의 피드백 ✎

모의고사만 잘 활용해도 많은 것들을 얻을 수 있지만, 그것만큼 중요한 것 중 하나는 모의고사를 본 이후의 대응이다. 앞에서 언급했지만 좌절이나 슬픔 혹은 자만과 같은 감정은 굉장히 바람직하지 못하다. 실망하며 부정적인 감정을 가지면 의욕을 상실하거나 장기적인 슬럼프에 빠지기 쉽고, 예상보다 좋은 성적에 자만하면 나태해질 수가 있다.

그래서 모의고사 점수를 분석하거나 예상 등급 같은 것을 신경 쓰지 않는 것이 중요하다. 등급이나 표준점수, 백분위 같은 상대적인 위치는 참고만 할 뿐 너무 깊게 생각하면 큰 부담이 될 수 있다.

오직 틀린 문제를 보고 원점수만 보는 습관을 들일 필요가 있다. 수능까지 200일이 남았고 내가 틀린 문제가 100문제라면, 이틀에 한 문제씩 더 맞추는 공부를 해야겠다는 단순한 생각으로 접근해야 한다. 대신 틀린 문제는 비슷하게 나오거나 응용되어 나와도 절대로 다시 틀리지 않을 수준으로 공부를 하고 넘어가는 것이 중요하다.

모의고사에 출제된 문제는 절대로 수능에 나오지 않는다. 아마 비슷하게도 나오지 않을 것이다. 그러나 앞에서 이야기 했듯이 실전과 같은 환경에서 본 시험이라는 의미가 있다. 당장 내가 어느 정도의 성적을 받았고 이 정도 성적이면 어느 정도 대학을 갈 수 있는지 따위의 무의미한 정보를 분석하고 스트레스를 받기보다 내가 시험 볼 때 느낌이 어떠했는지 등을 확인해보는 게 중요하다.

점수가 똑같더라도 이전보다 문제를 읽고 풀이의 방향을 잡아 나가는 방향성이 맞았는지, 독해를 하는 깊이에 차이가 있는지 등을 점검하고 그 느낌을 검토하는 게 훨씬 중요하다. 실전에서 쓰기 위해 연습해온 것을 실전 환경에서 적용할 수 있었는지 확인이 되었다면, 그때부터 틀린 문제들을 정리하고 비슷한 문제를 다시 틀리지 않도록 숙지한 후 이후의 공부를 이어서 하면 된다.

고3 시절 나 역시도 그랬고 많은 학생들이 모의고사 점수 하나를 가지고 엄청나게 분석을 하고, 어느 정도의 대학을 갈 점수대 인지에 신경을 곤두세웠다. 또 해당 모의고사에서 틀린 문제를 갖고 며칠 동안 끙끙대고 있는데, 그 모든 것은 시간낭비일 뿐 전혀 의미가 없다.

모의고사에 나온 문제는 수능에 절대 나오지 않는다는 것을 절대 잊지 말자.

꾸준하게
실천하는 것이 중요하다

초반의 긴장이 풀리고 추운 2~3월이 지나면 많은 학생들이 나태해지기 시작한다. 낯설고 어려웠던 교실의 분위기도 어느 정도 적응이 되고, 따뜻해지는 날씨로 인해 오후 시간에는 조는 학생들이 태반이다. 나도 3월에 휴가를 다녀온 이후 2~3주가 지나자, 휴가 때 보충했던 체력이 서서히 떨어지고 환경이 편안해지며 이전보다 몸이 늘어지는 게 느껴졌다. 이대로라면 체력이 떨어져 장기 레이스에서 버틸 수가 없을 것 같았다. 체력 관리의 필요성을 절실히 느꼈다.

그래서 체력 관리를 위해 생각했던 것은 고등학교처럼 일주일에 한 시간 주어지는 체육 시간을 활용하는 것이었다. 학창 시절 내내 운동하는 것을 좋아했고, 또 곧잘 했던 나는 체육 시간에 나가 운동을 할 생각이었다. 그러나 나는 단 한 번 체육 시간에 참여하고 이후부터는 절대로 나가지 않았다.

다 같이 농구를 하자는 분위기라 농구를 했었는데 다들 너무 '무리'하게 했다. 쥐가 나고 알이 배길 정도로 험하게 운동을 했고 심하게 넘어져서 상처가 생긴 친구도 있었다. 이렇게 힘들게 운동을 하니, 당연히 그날의 오후 시간부터 자습 시간까지 기절하다시피 지쳐 있었고 남은 시간 대부분을 자면서 보내는 것이 아닌가.

규칙적이고 적당한 운동으로 몸이 지치는 것을 방지하고 체력을 기르려던 나의 계획과는 전혀 맞지 않는 방향이었다. 그렇다고 함께하는 운동인 농구를 하면서 나만 설렁설렁할 수도 없었다. 체력 보충보다는 체력 소모가 커보였다. 그래서 체육 시간에 운동을 하며 체력 관리를 하려던 나의 계획은 바로 포기하기로 하였다.

공격적이었던(?) 체육 시간을 경험한 뒤 한동안 아무 운동도 하지 않고 지냈다. 그렇게 지내니 점차 체력이 떨어지고 몸 상태도 안 좋아지는 것을 느꼈다. 매일 밥 먹고 공부하고 자는 생활이 반복되니 속도 안 좋아지고 졸음이 오는 빈도도 늘어났다.

이대로는 안 되겠다고 생각할 무렵, 아버지가 하나의 해결책을 주셨다. 매일 자기 전에 기숙사에서 팔굽혀펴기를 해보라는 것이었다. 어차피 체육 시간을 나가지 않던 나로서는 별다른 방법도 없었기 때문에 일단 시작했다.

처음에는 정말 힘들었다. 축구를 많이 해서 하체는 근력이 좀 있었지만 상체는 빈약했기에 첫날에는 팔굽혀펴기를 10개도 제대로 해내지 못했다. 그러나 일단 체력 관리 측면에서 하는 것이니 개수보다는 꾸준함이 중요했고, 그렇게 나는 매일 꾸준하게 팔굽혀펴기를 했다.

생각해보면 별 것 아닌 것 같지만, 운동을 해본 사람이라면 누구나 이 꾸준함의 어려움을 알 것이다. 매일 힘든 일과가 반복되는 와중에 팔굽혀펴기를 매일 하는 것은 정말 힘든 일이다.

체력 관리를 위해 기숙사에서 무언가를 해보려던 학원의 다른 친구들도 대개 하루 이틀하고 그만두기를 반복하는 것이 다반사였다. 팔굽혀펴기를 추천했던 아버지도 재수가 끝난 이후 말씀하시기를, 개인적으로 가장 놀랐던 점 중 하나가 휴가 때 그냥 툭 던져본 제안을 정말로 남은 기간 내내 해낸 나의 실천력과 꾸준함이었다고 한다.

그렇게 매일 팔굽혀펴기를 하자 생각보다 변화는 금방 나타났다. 처음에는 10개도 힘들었지만 생각보다 개수는 빠르게 늘어나 일주일이 지난 시점에는 30개 정도할 수 있는 수준이 되었다. 내 몸이 말랐던 탓일까. 매일 밥을 먹고 팔굽혀펴기를 하자 상체도 몰라보게 좋아지기 시작했다. 소위 말하는 벌크 업이 이루어지기 시작하니 내 페이스도 점점 올라갔다.

학원에서 나눠준 단체복의 어깨선이 점점 올라오고 팔굽혀펴기의 개수도 점차 늘어나자 체력 관리를 위해 의무감으로 시작했던 팔굽혀펴기는 힘겨운 내 일상 중 소소한 즐거움이 되었다. 나중에는 하루에 약 100~200개 정도 하고 자는 것이 일상이었다. 너무 피곤해서 하루만 팔굽혀펴기를 하지 않고 자려면 뭔가 허전해서 잠이 안 올 정도로 단 하루도 빠지지 않고 매일 했다.

의무감에 시작했던 팔굽혀펴기가 하나의 즐거움이 되며 선순환이 이루어졌다. 덕분에 좋지 않았던 나의 자세도 교정이 되었고 수험생활 9개월 간 체력적으로 힘들다고 느낀 적이 거의 없었을 정도로 체력 관리에 큰 힘이 되었다.

많은 학생들이 체력 관리를 위해 따로 무언가를 하지 않거나 하더라도 축구나 농구처럼 과한 운동을 하는 경우가 있다. 체력 관리를 어떻게 해야 할지 모르겠다면 팔굽혀펴기와 같이 간단하게 할 수 있는 맨몸 운동을 추천한다. 단, '꾸준하게' 하는 것이 가장 중요함을 잊지 말자.

잠은 충분히,
깨어있는 시간을 활용하라

팔굽혀펴기를 매일 꾸준하게 하는 것이 체력을 기르는 데에 큰 도움이 되었지만, 무엇보다 체력 보충에 가장 결정적인 것은 '잠'이었다. 주말에는 한 시간 정도 더 잘 수 있었지만 평일에는 약 6시간 혹은 그 이하 밖에 잘 수 없는 기숙학원에서 잠은 늘 부족했다.

나는 적어도 잠자는 시간만은 절대로 줄이지 않았다. 아무리 그날 계획된 공부를 다 하지 못해서 조금 더 하고 싶어도 참았다. 하루라도 잠이 5시간 반 이하가 된다면 다음날은 무조건 피곤할 것이고, 그 피곤함 때문에 수업 시간이나 자습 시간에는 졸고 밤에는 또 잠이 안 오는 끔찍한 악순환이 올 것이기 때문이다.

기숙사 점호가 끝난 이후 새벽 1~2시까지 할 수 있는 야간 자습을 신청해서 공부하는 학생들도 적지 않았지만 그 친구들은 다음날 쉬는 시간을 포함해 엄청나게 많은 시간을 졸면서 보냈다.

솔직히 하루 일과에서 '시간이 부족하다'는 건 핑계다. 이미 나는 주어진 시간을 활용해 남들의 2~3배에 달하는 시간을 공부하고 있었다. 그런 시간들을 졸음 등으로 낭비하고 시간이 부족하다며 '열심히 공부하는 모습'을 티내면서 야간 자습에 참여하는 것은 너무 한심해보였다. 심지어는 4인 1실로 구성된 기숙사 내에서 친구와 함께 연애 얘기나 여학생 얘기를 하다가 새벽 3~4시가 다 되어 잔다는 학생들이 적지 않았다.

개인적으로 나의 성공적인 재수 생활은 전적으로 선생님들의 가르침과 나의 노력으로 인한 것이라고 생각하지만, 큰 운이 작용한 부분이라면 룸메이트들이었다. 너무나도 착하고 공부에 대한 열정과 의지가 있던 친구들이라 점호가 끝나면 잡담은 거의 없이 취침에 들어갔다. 잡담을 해봐야 10분 이내였다.

이처럼 일정하고 규칙적인 수면 패턴을 계속 유지하니 6시간이 조금 안 되는 수면 시간으로도 어느 정도 버틸 수가 있었다. 물론 주말에 한 시간 더 주어지는 수면 시간도 큰 도움이 되었다.

많은 학생들이 나의 재수 이야기에 대해 물을 때 "하루에 몇 시주무셨나요?"라는 질문을 참 많이 한다.

"잠, 거의 안자고 공부했어요.", "잠은 저에게 사치였습니다."와 같은 대답을 원했는지도 모르겠다. 그러나 선천적으로 잠이 적은 극소수의 학생이 아니라면 잠은 분명히 필요하고, 일정 시간 이상이 보장이 되어야 한다.

대신 깨어있는 시간의 효율을 극대화한다면 실질적인 공부량은 잠을 줄이고 공부하는 것과는 비교할 수 없을 정도로 많아진다. 물론 나 역시도 의대에 진학한 이후에는 단기간에 많은 양의 공부를 해야할 때가 많아서 밤을 새거나 아침에 잠을 드는 일이 비일비재하지만, 수능은 장기 레이스이다. 그런 만큼 루틴이나 규칙성이 중요하다. 불규칙한 삶이 계속된다면 공부의 효율성이 떨어지기 때문에, 뭐든지 꾸준한 게 중요하다. 그 중 하나가 잠이다.

종종 반수생들 중에 잠을 3시간씩 잤다거나 거의 자지 않았다고 주장하는 학생들이 꽤 있는데, 그것은 단기간의 공부였기 때문에 가능했던 것이다. 실제로 그 학생들을 자세히 추궁(?)해보면 결국 주말이나 낮에 부족한 잠을 보충할 수밖에 없었다고 한다. 그래서 나는 수험생들에게 적당한 수면 시간은 6~7시간 정도라고 생각한다.

밤에 공부할 시간을 찾는 것보다는 낮에 확보할 수 있는 시간을 최대한 확보해 활용하는 것이 체력적인 부분에서 지치지 않고 꾸준히 공부를 할 수 있는 방법이다. 나는 270일의 공부 중 단 하루도, 야간 자습에 참여하지 않았지만 매일같이 남들보다 더 많은 공부를 했다고 자부할 수 있다.

일정한 수면과 꾸준한 팔굽혀펴기, 그리고 한 달에 한 번씩 리프 레시할 수 있던 휴가까지, 세 가지를 활용해 수능을 보는 날까지 '슬럼 프'라는 걸 단 한 번도 겪지 않았다. 일부 선생님들은 '여름 즈음에 필 연적으로 슬럼프가 올 것이다.'라고 하시지만, 미리미리 대비를 한다 면 아무리 무더운 여름이라도 지치지 않고 수능날까지 나의 페이스로 공부를 할 수 있다.

나는 오지도 않을 슬럼프나 야간 자습을 하는 친구들에게 뒤쳐지 는 것을 미리 두려워하기보단 무리하지 않고 꾸준하게 대비했기에 긴 시간 지치지 않고 달려가 누구보다 빠르게 결승선을 통과할 수 있 었다.

올바른 방향의 노력으로
성취감을 느끼다

고3이나 재수생이라면 교육청에서 출제하는 것이든 사설 기관에서 출제하는 것이든 모의고사를 거의 매달 본다. 그럼에도 불구하고 유독 6월, 9월 모의고사가 중요하다고들 많이 한다. 전적으로 동의한다. 왜냐하면 수능을 출제하는 기관인 한국교육과정평가원이 직접 출제하는 시험이기 때문이다.

문제를 열심히 출제하는 많은 선생님들께는 죄송한 말씀이지만, 평가원의 문제 퀄리티는 교육청이나 사설기관의 그것과는 전혀 다르다. 다른 모의고사들에서의 '고난이도' 문제라 하면 무작정 어휘가 어렵거나 계산이 많거나 애매한 보기들을 많이 섞은 문제들을 얘기한다. 하지만 평가원 문제는 무작정 어렵지 않다. 철저하게 사고력, 계산력, 논리력, 응용력 등을 테스트할 수 있도록 문제를 선별하여 낸다.

그런 평가원이 수능 전 6월, 9월에 문제를 한 번씩 내는데 중요하지 않을 리가 없었다. 선생님들도 수업 시간부터 많이 강조해왔고 우리도 그 중요성을 잘 알고 있다. 그래서 다른 모의고사와는 마음가짐이 조금 달랐다. 무엇보다 내게 주어졌던 270일 중 120일 정도 지난 시점이었기 때문에 나의 120일을 평가해보기도 좋은 기회였다.

수능과 가장 비슷한 형태로 출제되는 시험이기에 다른 모의고사와는 달리 약간의 준비 아닌 대비를 했다. 시험 전 5일 정도는 많은 문제를 푸는 데에 초점을 맞췄고 그동안의 오답 문제들을 정리했다.

일단 270일 중에 120일 정도 밖에 공부하지 않은 시점이기 때문에 당연히 좋은 점수를 기대하지는 않았다. 이 정도 기간 안에 좋은 성적을 만들어낼 정도의 실력도 아니었고, 평소 문제 풀이를 통해 스스로 목표하는 점수는 나오지 않을 것임을 알고 있었다.

그렇기에 시험에 대한 대비는 조금씩 했지만 다른 많은 학생들처럼 큰 기대를 하거나 긴장을 하진 않았다. 다만 모의고사가 끝난 직후가 휴가 기간이었기 때문에 어느 정도의 성과를 부모님께 보여드리고 싶은 욕심 정도는 있었던 것 같다.

그렇게 시험 날이 되었고 나는 차분하게 시험 문제를 풀어나갔다. 그동안 시험을 위해 수없이 많이 연습해왔던 루틴들과 방식들을 적용해보며 문제를 풀어나갔다. 물론 풀면서도 아직은 부족하다고 느껴졌다.

그러나 작년 나의 수준을 생각하면 정말 훌륭했다. 지문을 읽어나가는 깊이가 달라졌으며 모든 풀이도 중구난방이 아닌 확실한 논리를 가지고 풀어 나갔다. 점심에 먹을 간식부터 각 쉬는 시간에 보는 자료들도 모두 연습한대로 진행했다. 집중하자 시간은 빠르게 지나갔다. 그렇게 6월 모의고사가 마무리되었다.

시험지에 체크한 답안을 토대로 미리 채점을 해보았다. 점수는 국어 94, 수학 96, 영어 96, 화학 31, 생물 42점이었다. 물론 역대 가장 쉬운 모의고사 중 하나였기에 등급은 2-1-3-5-2로 그렇게 훌륭하지는 않았지만, 개인적으로는 너무나도 만족스러운 점수였다.

내 계획상 과학탐구 과목은 아직 열심히 하지 않던 (아직 시간 할당을 많이 하지 않던) 시기였고, 이때까지는 국어, 수학, 영어 과목 위주로 열심히 해왔기 때문에 전체 과목 총점에 비해 국어, 영어, 수학 점수는 훨씬 높게 나왔다.

너무나도 뿌듯했다. 지난 120일의 노력이 잘못되지 않았고, 좋은 방향으로 열심히 달리고 있었음을 보여주는 점수였다. 총점은 361로 반 내에서 두각을 나타낼 정도는 아니었지만 아무래도 상관없었다. 내가 공부를 바르게 하고 있다고 느껴질 정도면 충분했다.

무엇보다 수학은 정말 놀라웠다. 96점으로 4점짜리 문제를 하나 틀렸는데, 어려운 뒤쪽 문제가 아니라 조금은 쉬운 앞쪽의 10번대 문제에서 작은 계산을 실수해서 틀린 문제였다.

정말 쉬운 문제였는데 개인적으로는 이것만 맞았으면 100점이었기 때문에 아직까지도 생각하면 아쉬운 순간이다. 물론 실수도 실력이고 점수이기 때문에 해당 실수는 확실하게 체크해두고, 다음에는 비슷한 실수를 절대 하지 않도록 계산 적는 방법을 조금 수정했다. 이후에는 비슷한 계산 실수는 절대로 하지 않는 좋은 계기가 됐다. 지난해에 항상 반타작 정도 하고 심지어 8점까지도 맞았던 것을 생각해보면 괄목상대할 만한 변화였다.

물론 6월 모의고사를 이보다 훨씬 못 봤어도 거기서 멈추지 않고 오히려 더 이를 악물고 공부해 나갔을 것이다. 그러나 어떤 일이든 올바른 노력을 긴 시간 해나간다면 언젠가는 결과로 드러나게 되어있다. 우리는 거기에서 성취감을 느끼고, 그 성취감은 다시 그 노력을 이어나갈 수 있는 원동력이 된다. 긴 시간 노력에 대한 결과가 나타나지 않으면 지친다. 하지만 중간 중간 좋은 결과를 받고 자만하지 않는다면 이는 좋은 영향을 끼치게 된다.

어쨌거나 나는 120일간 인생을 걸고 이전과는 전혀 다른 모습으로 공부에만 몰두했다. 그리고 결과를 받은 것이다. 남은 150일 동안 내가 올려야 하는 점수는 120일 동안 올린 점수에 비하면 훨씬 작았다. 물론 중하위권에서 중상위권까지 올라오는 것보다 중상위권에서 최상위권으로 올라가는 것이 훨씬 더 큰 노력을 필요로 하기에 150일도 결코 만만하지 않을 것이다. 하지만 재수를 시작한 이후 매일 같이 처절하게 공부하던 내가 처음으로 거둔 '소기의 성과'였다.

모든 원인에 대한
답은 자신에게 있다

6월 모의고사를 치른 이후 본격적인 여름이 오기 시작했다. 날씨가 무더워지자 정말 많은 학생들이 나가떨어지기 시작했다. 사실 학원의 냉방은 강력했기 때문에 꼭 무더위가 이유라기보다는, 시기적으로 여름이라는 생각과 적지 않은 시간을 학원에서 보냈기 때문이 아닐까라는 생각이 든다.

그리고 학생들에게 슬럼프가 찾아오기 전부터 선생님들이 '여름이면 슬럼프가 올 것이다.'와 같은 말들을 워낙 많이 해서 더 그렇게 느끼는 학생들이 많았던 것 같기도 하다. 선생님들은 힘내고 이겨내라는 응원의 의미로 말씀하셨겠지만 오히려 학생들에게 심리적인 불안을 줬을 것이라고 생각한다.

어쨌거나 다들 늘어져 있었고 반 분위기도 처진 상태에서 공부를 하려니 나 역시도 여간 힘든 것이 아니었다. 모두가 졸고 있는 교실에서 졸음을 쫓아가며 공부를 하다 보니 평소보다 체력과 정신력 소모가 몇 배로 늘어난 듯 했다. 그리고 6월 모의고사에서 꽤나 괜찮은 성적을 받긴 했지만 작은 실수들을 포함해 개선해야 할 점들을 상당히 많이 발견했기 때문에 그런 것들을 보완해나가는 공부도 쉽지만은 않았다.

여름이 오면서 이전만큼 독하게 공부를 하지 못한다는 느낌이 들었다. 아무래도 2~3월 학원에 처음 왔을 때보다는 환경에 적응도 되고 주변 시선도 덜 의식하면서 편안해진 것이다. 누구나 환경에 적응하며 편안해지지만 개인적으로 내가 잘 했다고 생각되는 부분은 나태함에 빠지지 않고 끊임없이 반성하며 열심히 하려고 노력했다는 점이다.

학생 신분으로 공부를 하다보면 궁금한 것이 생기기도 하고 선생님의 도움을 받아야하는 부분들이 생긴다. 특정 과목에 대한 효율적인 공부법이나 약한 부분에 대해 질문하고 싶은 내용이 생길 수 있다. 그런 것들은 스스로 고민하기 보다는 바로 선생님을 찾아가거나 수업 시간에 질문하는 것이 좋다.

그 분야에서는 전문가들이기 때문에 혼자 고민하는 시간을 아끼고 잘못된 방향으로 공부하는 것을 방지할 수 있다. 그러나 '집중력 저하'나 '슬럼프'와 같은 것들은 온전히 본인의 문제이다. 몸이 아픈 게 아닌데 집중이 안 되고 힘들고 슬럼프라고 느껴진다면 그것은 모두 심리적인 요인 때문이다.

본인이 슬럼프라고 생각하면 슬럼프인 것이고 아니라고 생각하면 아닌 것인데, 다들 여름쯤 되어 공부가 조금만 안 돼도 슬럼프라고 간주하며 오히려 그 상태에 헤어나지 못하고 더 깊이 빠져드는 것이다. 공부로부터 도피해 쉬기에 '슬럼프'는 너무나도 달콤한 핑계이기에 그런 듯 하다.

슬럼프는 스스로 만들어낸 허구적인 가상의 기간이라는 생각으로 다시 나를 돌아봤다. '예전만큼 공부가 안돼요.', '반 분위기가 풀어져서 공부가 힘들어요.'라는 고민은 모두 나로부터 기인한 것이었다. 이전에 반 분위기가 좋지 않았을 때에도 열심히 했었는데 이제 와서 안된다고 느끼는 건 그냥 나태해졌기 때문이다. 나도 모르게 '슬럼프가 올 때가 됐는데~'라는 생각을 무의식적으로 했기 때문이다.

이런 가상의 기간을 스스로 설정하고 선생님에게 답을 찾으러 가도 본질적으로 해결해 줄 답을 찾을 리가 없었다. 많은 학생을 봐온 경험으로 선생님 나름의 팁을 제시해 줄 수는 있었겠지만 그것은 임시방편에 불과하다. 근본적으로는 본인 스스로 마음을 고쳐야하는 것이다.

물론 '요즘 공부가 안 돼요.'라는 것을 이해할 수 있는 부분도 있다. 이를테면 그날 세워둔 계획이 있는데, 수학이 너무 어려워서 하루종일 수학 문제만 붙들고 있다가 진도는 나가지 못하고 다른 계획은 시작하지도 못한 채 하루가 마무리될 때가 있다. 그런 날들이 며칠 이상 이어진다면 당연히 요즘 문제가 풀리지도 않고 공부가 안 된다고 느껴질 것이다.

그러나 그것은 나의 실력에 비해 지나치게 어려운 문제에 도전하고 있거나 다소 어려운 문제에 직면하며 사고력을 길러가는 과정에서 자연스레 일어나는 일이다. 문제가 어려우면 내 실력이 부족한 부분을 찾아 다시 개념부터 보충해 나가거나 좀 더 쉬운 문제를 풀어보며 기초를 확인하는 등 계획을 조금 수정하면 된다.

어려운 문제들이 여전히 안 풀리긴 하지만 그래도 조금씩 더 풀리는 듯한 느낌이 든다면 나의 사고력과 실력이 늘고 있는 것이니 조금만 참고 기다리면 어려워만 보이던 문제들도 곧 정복해 나가는 실력을 보게 될 것이다.

수험생활은 긴 시간에 걸친 공부이기 때문에 항상 모든 공부가 내 계획대로 수월하게만 흘러가지는 않을 확률이 높다. 중간에 난관도 마주치고 내 페이스를 잃고 약간 헤맬 수도 있다. 아니 당연히 그런 순간이 올 것이다.

중요한 것은 그럴 때 자신을 '슬럼프에 빠졌다'고 간주하며 그냥 절망해버리거나 공부를 놔 버리기보다는 빠르게 문제를 진단하고 계획에 대한 수정이나 약간의 인내를 통해 이 시기를 이겨내는 것이 중요하다.

약 270일의 모든 시간을 본인의 가장 좋은 페이스로 달려갈 수는 없다. 270일은 역전을 이뤄내기에는 짧은 기간이지만 계속 달리기에는 너무 길다. 늘 최선을 다하되 공부에 어려움이 와도 외부에서 답을 찾거나 남에게 의지하거나 환경 탓을 하기보다는 본인에게서 문제점을 찾고 이를 보완해나가는 과정을 반복하다 보면 실력은 물론이고 멘탈도 더욱 단단해질 것이다. 270일을 허비하는 시간 없이 온전히 본인만을 위해 쓸 수 있게 된다.

모든 원인에 대한 답은 자기 자신에게 있다. 공부가 잘되고 성적이 오르는 것도, 공부가 안 되고 성적이 떨어지는 것도 모두 자신으로부터 기인한다는 점을 잊지 말자.

3 부

한 단계
도약을 위한 도전

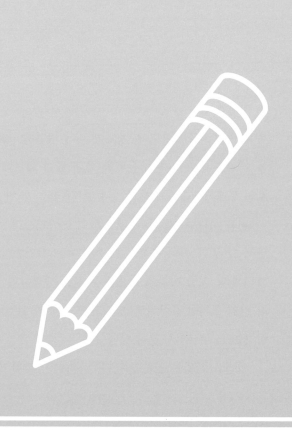

최상위권 도약을 위해
자신만의 방법을 찾아라

어느덧 재수생활도 반 정도가 지나 있었다. 기숙학원은 쌀로 유명한 경기도 이천 외곽의 논밭들 옆에 있기 때문에 일 년 동안 지내다 보면 모내기부터 추수까지 쌀과 함께하는(?) 한 해를 보내게 된다.

처음 시작할 때는 아무것도 없던 논이었는데, 벼가 익어 녹색과 노란색 그 중간 어디 즈음의 색깔을 띠는 시기였다. 나의 지식 상태도 그러했다. 처음 아무것도 없던 시절을 생각하면 과목별로 조금 차이가 있긴 했지만 중상위권~상위권 즈음에 와 있었다 하지만 아직 추수할 정도로 무르익지 못한 상태였다.

성적을 올리는 것은 힘들다. 하지만 엄밀히 말하면 하위권~중하위권이 중상위권 정도로 올라오는 것보다 상위권에서 최상위권으로 올라가는 것이 훨씬 어렵다는 생각이 든다. 하위권~중하위권 학생들은 공부량 자체가 적기 때문에 단순하게 공부량을 늘려주는 것만으로도 성적이 오른다. 그냥 책을 사서 인내심을 갖고 무턱대고 많이 푸는 일명 '양치기'로 밀어붙여도 3~4등급은 크게 어렵지 않게 도달할 수 있다.

그러나 각 과목별로 상위 5% 정도에 들기란 정말 어려운 일이다. 원점수로 말하자면 8~90점 정도 맞는 것과 95점~100점을 맞는 차이다. 이는 단순히 5~10점 정도의 차이가 아니다. 이 구간에서 저 정도 점수 향상을 이뤄내기 위해서는 무작정 문제를 많이 푸는 것으로는 부족하다. 높은 사고력과 응용력까지 갖춰야 만점에 가까운 점수를 맞을 수 있기 때문이다.

좋은 문제를 많이 접하고 기존의 지식을 활용해 생각하고 고민하며 뛰어난 사람들의 '좋은 풀이'를 많이 접하고 그런 풀이를 스스로 펼쳐낼 수 있는 실력을 만들어야 한다.

물론 나도 높은 사고력을 요구하는 문제들을 풀어가며 실력을 길러가고 있었지만, 수학 과목만큼은 혼자서 공부하니 한계가 느껴질 때가 있었다. 국어나 영어는 수업 시간 내에서 충분히 좋은 풀이를 많이 접하고 있었고, 스스로 생각해서 깨우치는 게 훨씬 중요한 과목이기 때문에 오히려 고민하고 지문을 분석하는 시간을 늘려나가는 것으로 충분했다.

그러나 수학은 아무리 생각해도 도저히 풀리지 않거나 이해가 가지 않았고, 그저 긴 시간 잡고 있다고 해결이 되지 않았다. 그렇다고 커리큘럼에 맞춰 수업을 진행하시는 선생님들께 나만을 위해 수업을 요구할 수도 자습 시간을 전부 선생님과의 대화로 보낼 수도 없었다.

그런 내가 선택한 방안은 바로 '인강(인터넷강의)'이었다. 나는 이때까지 한 번도 제대로 된 인강을 들어본 적이 없었다. 그래서 모든 것이 막막했다. 대체 뭘 어떻게 찾아서 듣는 건지, 어떤 선생님이 나한테 맞을지...

그래서 시작하기 전에 강남 8학군에서 온 친구들이나 인강을 많이 듣는 친구들에게 이것저것 물어보며 대충 감을 잡은 뒤 직접 다양한 선생님들의 오리엔테이션 강의를 보며 나에게 적합해 보이는 인강을 신청했다.

처음 들어본 인강이라 모니터 앞에서 누군가의 강의를 듣고 있는 게 다소 어색하긴 했지만 나의 상황에서는 최고의 선택이었다고 할 수 있을 만큼 효과적이었다.

우선 대체로 강의가 20~30강 정도로 구성되어 있긴 하지만 모두 들을 필요는 없었다. 문제를 풀다가 어려움을 느끼는 부분이나 좀 더 실력을 기르고 싶은 해당 부분만 찾아서 들을 수도 있기에 나를 위한 맞춤형 강의를 만들어 나갈 수 있다는 큰 장점이 있었다. 한 파트의 강의를 듣다가도 내게 크게 필요하지 않은 문제풀이의 경우에는 그냥 넘어갈 수도 있었다.

이렇게만 들으면 인강이 가장 효율적인 지식 습득법처럼 보인다. 하지만 인강을 많이 듣고 문제도 많이 풀면서 성적이 정체되거나 심지어는 떨어지는 학생들도 많이 보았다. 그 이유는 인강을 듣기 시작한지 얼마 되지 않아 느낄 수 있었는데, 인강은 장단점이 정말 뚜렷하다는 것이었다. 잘 활용하면 정말 좋지만 잘못되면 오히려 점수가 떨어질 수도 있는 치명적인 단점들이 있었다.

장점부터 얘기해보자면 인강은 엄선된 강사들의 강의를 들을 수 있다. 스튜디오에서 촬영해서 올리기도 강의 현장을 그대로 찍어서 올리기도 하는데, 어떤 방식이든 간에 강의력은 검증된 강사들이므로 수업의 질이 대체로 좋다.

그리고 인강 강사들은 대체로 강남의 치열한 사교육 시장에서 살아남기 위해 해당 과목에 대해 수없이 많이 연구하고 분석한다. 따로 본인의 연구실이 있는 강사들도 많다. 그래서 본인이 제작한 교재로 강의를 진행하는데 교재의 내용이 정말 훌륭하다. 교재와 강의의 질이 강사에 대한 평가로 이어지므로 웬만한 사설 문제집보다도 질이 훨씬 좋다.

나중에 과학탐구 과목에서 좋은 문제집이 필요했을 때 인강은 신청하지 않고 인강의 교재만 구입해서 공부한 적도 있을 정도이다. 그리고 앞에서 언급한 것처럼 본인이 원할 때 원하는 내용만 수강하며 공부할 수 있어 나의 약점을 보완하기에는 시간적으로 효율적이다.

그리고 배속 기능과 넘기기 기능을 활용하면 효율을 더욱 높일 수 있는데, 나는 늘 1.4배속 정도의 속도로 필요한 부분을 찾아 들었기 때문에 남들보다 짧은 시간 안에 더 많은 '알맹이' 지식을 받아들일 수 있었다.

그러나 치명적인 단점들도 있다. 첫 번째는 말 그대로 인터넷으로 진행되는 강의이기 때문에 인터넷 연결이 필요하다는 것이다. 인터넷 연결이 되는 순간 수많은 유혹에 이끌리게 된다. 인스타그램과 같은 SNS부터 유튜브와 같은 동영상 플랫폼은 물론이고 그냥 단순한 홈페이지조차도 관심사에 관련된 포스팅이 뜨면 그냥 지나치기 쉽지 않을 것이다.

그런 것은 잠깐 접속하기만 해도 나의 시간을 상당히 많이 뺏어간다. 결국 계획된 시간 안에 예정한 인강을 다 듣지 못하게 된다. 많은 학생들이 1시간 인강을 듣는다며 2시간씩 컴퓨터를 하는 경우가 정말 많다. 인강의 큰 장점인 효율성은 생각도 못하고 오히려 시간을 더 뺏는 치명적인 단점이 된다.

두 번째 단점 역시 치명적인데, 바로 인강만 들어도 '공부하는 듯한 느낌'이 난다는 것이다. 인강 강사들은 언급했다시피 훌륭한 강의력을 갖추고 있고 언변이 매우 뛰어나다. 그래서 인강 강사는 본인의 지식을 설명한 것에 불과함에도 학생들은 그것이 자신의 지식이 되었고 엄청나게 실력이 늘었다는 느낌을 받게 된다. 큰 착각이다.

아무리 훌륭한 지식이나 노하우도 본인이 따로 수많은 복습을 하고 꾸준한 연습을 해야 실전 시험에서 적용할 수 있을까 말까 한 수준에 도달하며 그 과정에서 실력이 느는 것이다. 그런데 인강을 들으면 마치 본인의 실력이 이미 길러진 듯한 느낌이 들어 이런 과정을 아예 생략해버리게 되는 것이다.

전 과목에 걸쳐 많은 수의 인강을 결제해서 자습 시간의 대부분을 인강 수강에 쓰면서 성적이 정체되거나 오히려 떨어지는 학생들은 대체로 이런 착각에 빠져 있다.

거기다가 결정적으로, 인강을 듣는 것은 자습 시간에 책상에 앉아 열심히 공부하는 것보다 훨씬 편하고 재미있다. 그러다 보니 공부하기 싫은 학생들은 도피성으로 인강을 찾게 된다. 그냥 인강을 들으러 가서 인강을 듣고 있으면 공부보다 훨씬 재미있고 편하면서도 공부하는 느낌, 실력이 느는 듯한 느낌까지 드니 점점 공부하는 시간을 줄이고 인강 듣는 시간을 늘려 나간다.

나는 이런 현상을 '인강 중독'이라고 하는데 특히 힘든 일과를 반복해야 하는 재수생 중 인강 의존도가 매우 높은 일명 인강 중독자의 비율이 꽤 높은 편이었다. 그래서 나는 의미 없이 인강을 들으며 긴 시간 앉아 있지 않도록 인강을 들으러 가기 전에 미리 부족한 부분이나 보충 설명이 필요한 부분들을 체크한 후 딱 그 부분만 듣고 오곤 했다.

마지막 단점은 인강의 장점이기도 한데 바로 뛰어난 '접근성'이다. 인강은 언제든 원하면 들을 수 있고, 듣고 싶은 부분이나 이미 들은 부분도 다시 들을 수 있다. 이것이 인강의 존재 이유이기도 하면서 엄청난 장점이기도 하다.

언제든 들을 수 있기 때문에 미리 문제를 풀고 내용을 예습한 이후 인강 수강이 이루어지면 효율을 극대화할 수 있다. 그러나 이 엄청난 장점을 오히려 제대로 활용하지 못하는 학생들에게는 단점으로 작용하는 경우도 적지 않다.

일단 다시 들을 수 있다는 점이 학생의 집중력을 저하시킨다. 가뜩이나 현장감이 떨어져 몰입하기가 힘든데, 거기에 못 들은 부분은 언제든지 다시 들을 수 있고 누가 감시하지도 않는 편안한 환경이니 집중력이 떨어지는 경우가 다반사다.

인강 듣는 학생들을 보면 책을 보며 집중하고 있는 것 같다가도 다시 앞으로 영상을 돌려서 듣는 경우가 있다. 잘 못 듣거나 이해가 안 되서 다시 듣는 경우보다 집중력이 떨어져 딴 생각을 하다가 놓친 부분부터 다시 듣게 되는 경우가 훨씬 많다.

그리고 접근성이 워낙 좋다 보니 인강 수강이 굉장히 불규칙적이게 된다. 이게 무슨 말이냐면 학생들이 그냥 공부하다가 인강이 듣고 싶어지고 좀 끌린다 싶으면 하던 공부를 접어두고 인강을 들으러 간다. 계획적인 삶이 중요한 수험생활에서 아무리 인강의 효과가 좋아도 나의 공부 자체를 방해하면 안 된다.

적절한 수업 시간을 통한 지식 습득과 수많은 자습을 통한 훈련이 조화를 이룰 때 비로소 실력 향상이 이루어지고 이것이 누적되어 점수가 올라간다. 그래서 나는 마치 단과 학원에 등록한 것처럼, 인강 듣는 시간을 구체적으로 정해두었다. 딱 정해둔 시간 안에 정해진 내용의 강의만 들었다.

시간이 남는다고 계획되지 않은 강의를 듣지도, 계획한 만큼 다 듣지 못했다고 정해진 시간을 넘기지도 않았다. 마치 실제 수업이 이루어지듯이 항상 인강에 투자할 시간과 들을 내용을 늘 계획했고 짧은 시간 안에 매우 집중해서 듣곤 했다.

인강의 수많은 단점들을 배제하고 장점을 극대화시켜 필요한 부분의 강의를 열심히 들으니 점수는 빠르게 오르기 시작했다. 지금까지 열심히 쌓아온 수많은 지식들과 연습에, 좋은 문제와 좋은 강사의 설명이 곁들여지며 나의 사고력, 응용력 그리고 실력으로 전환되는 시점이었다.

부족한 부분들을 찾고 보완하는 과정에서 스스로 더 공부해 해결할 수 있는 부분들이 대부분이긴 하지만, 자습만으로는 해결하기 힘든 높은 수준의 어려움은 인강을 통해 완벽히 채워나갔다.

인강은 강남 8학군 등 수도권과 지방의 사교육에 따른 학력의 빈부 격차를 크게 줄여줄 수 있는, 혁신적인 수단이라고 생각한다. 저렴하고 언제나 들을 수 있다. 그러나 강남에서 잘 나가는 '1타 강사'의 수업을 직접 듣는다고 지방에 있는 학생들보다 공부를 잘하는 것은 절대로 아니다. 수도권에 인구가 많은 만큼 공부를 잘하는 학생도 많은 것일 뿐 성적이 좋지 않은 학생들도 많다.

인강을 포함해 학원 등에서 제공하는 강좌는 어디까지나 개인적으로 부족한 부분을 보충하는 용도일 뿐 절대로 전적으로 의존하며 따라가야 하는 강의가 아니다. 그래서 인강을 듣기 전에 미리 본인의 부족한 부분을 찾고 이를 보충하기 위해 스스로 수많은 노력을 하기 바란다. 그때까지 해결하지 못한 부분들이 있을 때 그때 인강이라는 수단을 고려해보는 것이 바람직하다.

특정 인강을 추천해달라는 학생도 있다. 하지만 별로 도움이 되지 않을 것이다. 매년 변하는 인강 중에서 본인에게 필요한 강좌를 찾아

보는 과정이 필요하다. 수강생이 많고 유명하거나 댓글 내용이 좋다고 좋은 것이 아니다. 내가 부족한 부분을 채우는 데 도움이 되는 강좌가 좋은 강좌인 것이다.

결과적으로 인강이라는 수단을 처음으로 활용해 중상위권~상위권 정도의 수준에 도달해있던 나는 비교적 빠르게 최상위권의 사고력을 갖춰나갈 수 있었다. 물론 인강에 크게 의존하지는 않고 남들보다 훨씬 많은 나의 자습 시간을 꾸준히 유지해가며 복습, 예습을 통해 균형 잡힌 공부를 해나간 결과였다.

흔들리지 말고
자신의 공부를 하라

재수를 시작하고 6월 모의고사까지는 우여곡절도 많았고, 다양한 변화를 줘야했던 시기이기 때문에 상대적으로 길게 느껴졌다. 반면 좋은 습관들이 정착되고 공부의 패턴이 정형화되어 있던 6월에서 9월 사이는 큰 어려움 없이 빠르게 지나갔다. 초반도 아니고 시험을 앞둔 시기도 아닌 애매한 시기라서 많은 학생들이 슬럼프에 빠져 방황하고 공부를 소홀히 하는 시기에도 나는 지치지 않고 꾸준하게 계획대로 페이스를 유지했다.

입시 생활 중에서 가장 큰 이정표 중 하나인 9월 모의고사가 다가왔는데 많은 학생들이 9월 모의고사에는 다소 긴장한 듯 보였다. 수능과 시기적으로도 유형적으로도 가까운 모의고사이기에 마지막 연습 기회라고 생각하는 듯했다.

나는 그렇게 생각하지는 않았다. 9월 모의고사가 끝나고 11월까지 또다시 두 달 반이 남고, 이번 모의고사를 통해 발견된 마지막 약점들을 잘 보완하며 문제 풀이 연습을 하기에 충분한 시간이라는 생각이 있었다. 실제로 계획도 그러했다.

9월 모의고사가 어느 정도 중요성을 갖고 있기는 하지만 절대로 이 점수가 곧 수능 점수라는 생각 따위를 해서는 안 된다. 지난 200일이 '실력 향상'에 중점을 두고 공부하는 시기라면, 마지막 두 달 반은 '점수 향상'을 위해 공부하는 시간이다. 많은 학생들이 9월 모의고사에서 점수가 생각만큼 안 나오면 좌절하며 남은 시기를 공부에 매진하기보다는 현실적으로 진학할 수 있는 대학에 대해 알아보느라 시간을 허비한다.

그러나 나는 누구보다 열심히 지난 200일의 공부가 선행되어 있었기에 마지막 70일은 이제 성과를 내기 위한 소중한 시간이었다.

9월 모의고사는 언제나 비슷했다. 수능 당일 계획한 루틴대로 철저하게 움직였고 연습하고 준비해온 여러 가지 내용들을 적용해봤다. 그래서 점수는? 나름 만족한 부분도 있었지만 역시나 부족한 부분이 많았다. 원점수로 보면 국어 97, 수학 89, 영어 100, 화학 33, 생물 31

이었다.

역시나 9월 모의고사 전까지는 과학 공부가 제대로 이루어지지 않아 점수는 더 떨어졌다. 충분히 예상한 점수 하락이라 별로 신경 쓰지 않았다. 이제부터 계획대로 과학탐구 과목의 공부 비중을 늘려가며 스퍼트해 점수를 올리면 되는 것이었다.

수학은 89점이긴 했지만 3점짜리 한 문제를 실수하지 않았다면 원점수 92점에 상위 4%인 1등급을 받을 수 있는 수준이었다. 남은 기간 동안 계산 실수가 없도록 계산력을 기르는 것 그리고 어려운 킬러 문제들을 보완하는 것이 중요했다. 이제 국어나 영어는 거의 틀리지 않는 수준이 됐으므로 실수 없이 다 맞기 위한 공부만 하면 되는 상황이었다.

모의고사 점수를 감정적으로 받아들이지 않고 이성적으로 확인하였다. 이 시기까지 계획대로 공부가 잘 진행되고 있는지를 확인하고 앞으로의 방향성을 검토해보는 것이 중요하다. 하지만 이 시기에 분위기가 조금 뜨게 되는데, 바로 '수시' 때문이었다.

'수시'라고 하면 보통 학교 내신 성적을 활용해서 대학에 입학하는 것으로 많이들 생각하는데 생각보다 굉장히 다양한 전형들이 있다. 생활기록부와 자기소개서를 통해 특기가 있는 학생들을 뽑는 전형,

논술 시험과 수능 최저 등급으로 학생들을 가리는 논술 전형, 영어 특기자 전형 등 많은 전형이 있다.

그러나 동시에 잘 모르는 것 중 하나는 바로 그 많은 전형들 중에 내가 지원해서 붙을 가능성이 있는 전형은 몇 개 없다는 것이다. 내신 성적도 좋고, 수능 성적도 좋고, 영어도 특출하게 잘 하고, 남들과는 다른 특별한 활동도 많이 한 학생은 드물다. 그런 학생들이야 어떤 전형으로 쓰는 것이 조금이라도 유리할지 고민할 수 있다.

하지만 대부분의 학생은 그렇지 못하기 때문에 스스로를 조금만 돌아봐도 정작 쓸 수 있는 전형이 얼마 없다. 그럼에도 문제는 학생들이 스스로를 냉철하게 돌아보지 못한다는 것이다.

학생들은 왠지 이 전형도, 저 전형도 모두 자기에게 적합하다고 생각한다. 그래서 자기소개서도 쓰고, 논술 준비도 하고, 수시 전형도 이것저것 찾아보느라 엄청나게 많은 시간을 소비한다. 그게 바로 고등학교 때의 김현수였다.

나는 외향적인 성격으로 이것저것 다양한 활동을 많이 해보는 학생이었다. 반장을 포함해 각종 '장' 역할들도 많이 했고, 밴드에서 보컬로 활동하며 학교 축제에도 나갔다. 동아리에서 실험 보고서도 포트폴리오 형태로 작성해보고 체육대회에서도 반을 대표해서 축구 등의 종목에 참여하기도 하고 남들보다 많은 경험을 해본 편이긴 했다.

지금 생각해보면 이것이 절대로 좋은 대학교에서 나를 뽑을 정도의 이유는 되지 않지만, 그때는 왠지 그런 생각이 들곤 한다. 누구나 본인이 어딘가 특별한 구석이 있다고 생각하기 때문이다.

그러나 대학에서 원하는 인재는 대체로 '공부를 잘 하고' '성실하면서도' '특별한 이야기가 있는 학생'이다. 나는 가장 마지막 항목에만 주목했을 뿐, 정작 나의 성실함과 학업 능력이 직접적으로 반영되는 내신 성적은 형편없었다. 심지어 학년이 올라갈수록 성적이 급격히 떨어지기까지 했다. 그야말로 대학교에 전혀 필요 없는 인재(?)였다.

대학교나 회사에서 성적을 많이 보는 성적지상주의에 대해서 비판하는 사람들이 간혹 있다. 그러나 그 사람의 성실함을 확실하게 반영해줄 수 있는 지표가 성적 말고 또 있을까? 이외의 인성이나 특이점을 확인하기 위해 자기소개서, 생활기록부 등을 참고할 수 있지만 수시에서도 가장 중요한 것은 성적이다.

내신이 3년 내내 1등급으로 1.0의 평균 내신 성적을 갖고 있는 학생이 반장이나 밴드를 하는 학생보다 선호되는 것은 당연한 일이다. 그러나 고등학교의 나도 그랬고, 많은 학생들이 이 사실을 간과한다. 본인은 성적 이외에 색다른 점이 있기에 이런 성적의 열세를 충분히 극복할 수 있을 거라고 생각한다. 그런 학생들이 드물게 보이긴 하지만 그런 학생들은 꽤나 인상 깊은 스토리가 있다. 이를 테면 대통령상, 수많은 특허 출원 정도의 이야기는 있어야 한다.

나는 다행히도 고등학교 3학년 때 너무나도 특별하다고 생각했던 고등학교 생활을 정성스레 담은 자기소개서를 6개의 대학교에 제출했고 모두 불합격했던 경험이 있었다. 예비 번호 따위도 없었다. 오히려 그 실패가 정확한 위치와 현실을 깨닫게 해주었다. 형편없는 내신에서 드러나는 고등학교 시절의 불성실함 그리고 결코 그것을 뛰어넘을 정도의 특별한 인생을 살지 않았음을 알고 있던 나는, 재수 때는 아예 수시로 대학을 갈 생각을 하지 않기로 했다.

고등학교 3학년 때의 나는 그야말로 입시 전형의 달인이었다. 입시 전형을 하도 많이 찾아봐서 그야말로 모르는 입시 전형이 없었고 친구들에게 입시 상담까지 해주기도 했다. 어차피 합격하지 못하면 의미 없는 일이었기에 애초에 그런 것들을 찾아보며 시간을 낭비하지 않기 위해 부모님께 적당한 의대 하나, 공대 하나 찾아서 알아서 지원해달라고 부탁드렸다.

물론 붙을 생각으로 쓴 것이 아니고 그냥 6개의 대학을 수시에 지원할 수 있는 기회가 있으니 일단 써놓고 나중에 보자는 생각이었다. 그리고 수능 전에 자기소개서를 제출하거나 시험을 보는 전형은 수능에 영향을 주기 때문에 아예 배제했다. 나는 그냥 9월 모의고사는 9월 모의고사대로 수능을 대비하기 위한 수단으로 활용하고, 수시에 대해서는 크게 고민하지 않으며 조용히 내 페이스를 이어나갔다.

9월 모의고사를 치른지 얼마 되지 않아 수시 접수 기간이 있다 보니 학생들은 9월 모의고사 성적에도 엄청나게 스트레스를 받았다. 진학을 희망하는 학교의 수능 최저 등급을 9월 모의고사에서 맞추지 못했다면 남은 기간 어떻게 성적을 올릴 지 계획을 세워야 하는데, 거꾸로 9월 모의고사 점수로 최저 등급을 충족시킬 수 있는 최선의 학교를 찾아보며 슬퍼하기까지 했다.

다시 한 번 얘기하지만 9월 모의고사는 수능 출제 기관에서 출제하는 분명히 중요한 시험이다. 해당 점수를 통해 본인에게 남은 70일간의 공부를 계획하고, 목표까지 도달하기 위한 이정표라는 점에서 중요한 시험이다. 다만 9월 모의고사 수능을 보기 70일 전부터 본인이 진학할 학교를 고민하는 시험이 아니다.

수시를 쓰는 것이 유리한 학생이라면 상향 지원 2개, 소신 지원 2개, 하향 지원 2개 정도 쓰고 남은 기간 동안 상향 지원한 대학을 목표로 공부하면 되는 것이다. 그러나 많은 학생들이 9월 모의고사로 스스로를 평가했고 그것에 맞춰 목표를 새로이 설정했다.

학생들을 9월 모의고사 점수로 평가하는 것은 선생님들도 다르지 않았다. 어쩌면 선생님들은 9월 모의고사 이후 70일 동안 열심히 공부해 성적을 올리는 학생들보단 수시에 흔들리며 비슷하거나 심지어 떨어진 점수를 받는 학생들을 많이 봐왔기 때문에 더 그럴 것이다. 학생들이 수시 상담을 위해 찾아가면 70일 동안 점수를 어떻게 올릴 지 보다는 지금 성적을 봤을 때 어떻게 수시에 지원하는 것이 최선일지에 대해서 얘기하게 된다.

어떻게 보면 선생님들 입장에서는 그것이 가장 안전하고 현실적인 상담일 수도 있다.

그러나 학생이라면, 현재의 점수에 얽매이기보다는 그 점수를 토대로 앞으로의 방향성을 설정하고 남은 시간을 잘 보내기 위해 노력해야 한다. 그런데 '수시 접수 기간'이라는 상황이 학생들을 심적으로 불안하게 만들고, 그 점수에 집착하게 만든다.

9월 모의고사, 수시 접수 기간이 지난 이후에도 반 분위기는 긴 시간 어수선했다. 벌써 대학에 합격이라도 한 듯이 들뜬 학생들부터 떨어질 걱정부터 하며 이른 좌절을 하는 학생까지 다양했다. 아마 학생들에게 9월 모의고사 이후 짧은 휴가도 주어졌기에 부모님과 많은 대화를 나누며 심란해진 것도 영향이 있었을 것이다.

모의고사 이후 휴가를 나갔던 나와 부모님도 수시 가능성은 없다고 판단하고 있었기에 남은 기간 점수를 올릴 방안에 대해서만 가볍게 상의했을 뿐 수시 지원으로 흐트러지거나 심적으로 흔들릴 만한 이야기는 아예 하지 않았다. 상담한다고 수시 합격 가능성이 올라가는 것도 아니기에 상담도 하지 않았고, 그냥 '주어진 기회니까' 써놓긴 하자는 생각으로 의대 하나와 공대 하나만 지원했을 뿐이었다.

이제, 딱 두 달 남았다.

지칠 시간도, 지루해 할 시간도, 쉬어갈 시간도 없다. 그야말로 전력질주만이 남은 시점이다. 주변 신경 쓰며 흔들리는 것도 사치이다. 그냥 내 공부만, 내게 부족한 부분만 꾸준히 채워 나가면 되는 것이다. 두 달이면 충분한 시간이다. 조급해할 것도 없다. 보여주자. 내가 얼마나 할 수 있는지를.

— 일기 중에서

성공적인 수험생활을 위한 마음관리

수험생활을 하다보면 학생들의 멘탈이 흔들리고 불안해지는 시기가 꽤나 자주 찾아온다. 9월 모의고사, 수시 원서 접수와 같이 외적인 이유에 의한 것일 수도 있고, 그냥 개인적인 심리 변화에 의한 내적인 이유일 수도 있다. 그러나 매번 그런 일이 생길 때마다 공부를 하는 데에 차질이 생긴다면 가뜩이나 부족한 시간이 너무나도 많이 날아가게 된다.

나는 고등학교 시절 비교적 사람들 앞에 많이 나서는 경험 때문인지 주변의 시선이나 분위기에 흔들리지 않고 하고자 하는 바를 꿋꿋이 할 수 있는 '강한 멘탈(정신상태)'이 있었다. 어떻게 보면 강한 멘탈이 나의 성공한 입시에 가장 큰 요인이라고도 할 수 있다. 많은 수험생들이 가지면 좋을 만한 마음가짐이란 어떤 것일까?

'어디서'가 아니라 '어떻게' ✎

많은 선생님들과 학생들이 성적 최하위 계열인 우리반 학생들을 무시하고 성적 최상위인 S반 학생들을 대우해줬다. Input이 좋으면 Output이 대체로 좋기 때문일 것이다. 그러나 Input은 어디까지나 작년의 성적이고 S반이 좀 더 앞선 출발선에서 시작했다는 지표일 뿐 결코 그들의 Output까지 보장해주지는 못한다.

물론 많은 S반 학생들이 좋은 성적을 받고 좋은 대학에 진학하지만 결국 그 해 350명 정도의 S반 학생들 중 나보다 수능을 잘 본 학생은 3~40명 내외였다. 그러나 많은 학생들은 본인이 S반에 있다는 이유로 우월감에 빠지기도 E반 소속이라는 이유로 기가 죽기도 한다.

고등학생이라면 자신이 다니는 고등학교의 학력 수준을 탓하는 경우가 많다. 그러나 강남 8학군의 엄청난 명문대 진학률을 자랑하는 학교에서도 수많은 재수생이 나오고 지방의 전혀 유명하지 않은 고등학교에서도 1등을 하는 학생은 명문대학교에 진학한다. 즉 '어디서'라는 주변의 환경보다는, 주어진 환경 내에서 내가 '어떻게' 시간을 보내는지가 중요하다.

공부를 잘 하는 친구들 사이에서 나만 원하는 대학에 진학하지 못한다면 그것이 무슨 의미가 있을까? 중요한 것은 내가 어떤 점수를 받고 어떤 대학에 진학하느냐이지 결코 주변 친구들의 성적에 따라 내 성적이 올라가거나 떨어지는 것이 아니다.

주변 친구들의 성적이 좋으면 좋은 대로 그 친구들에게 배울 점은 배우며 본인의 실력을 기르기 위해 더욱 노력하고, 주변 분위기가 좋지 않으면 역으로 '하지 말아야 할 것'들을 계속 상기하며 정신 차리게 도와주는 친구들에게 감사한 마음으로 공부해 나가면 된다.

말은 좀 이상하지만, 결국 주변 환경과 나의 점수는 무관할 수 있다는 얘기를 하고 싶다. 현재 가장 친한 대학 동기 중 한 명은 당시 S반 출신이었는데, 사실 S반 내부적으로 최하위반을 은근히 깔보는 경향이 있었음을 뒤늦게 고백(?)했다.

그러나 그들 중 대다수가 수능에서 나보다 낮은 성적을 받았다. 그런 상황에서 S반이었던 것이 무슨 의미가 있을까. 상대적으로 명문대에 진학한 친구가 많아진다는 것 이외에는 별 의미가 없을 것이다. 중요한 것은 '어디서'가 아니라 '어떻게' 하느냐이다.

어제 산 ○○○모의고사... 정말 어려웠다. 90분에 45점이었나. 물론 순수하게 풀어서 맞은 문제만 Count한 거지만... 한참 수학에 자신이 붙던 나에게 겸손함을 알려주었다. 이런 걸 계속 풀어가며 문제를 풀 수 있는 실력을 기른다면... 수능은 오히려 쉽지 않을까 싶다. 조급한 마음도 들지만 더불어 좋은 기회라는 생각이 든다.

(중략)

오늘 같이 긴 시간 자습하는 날에는 집중력이 길게 지속이 안 되는 것 같다. 처음 왔을 때는 진짜 길게 집중할 수 있었던 것 같은데, 요새는 좀 편해지고 해서 그런가 확실히 쉽진 않다. 집중력이 금방 떨어지지 않도록 노력하자. 모두에게 같은 상황, 같은 시간이 주어졌을 때 승부를 가르는 건 효율성이고, 이 효율성의 차이는 집중력의 차이에서 비롯된다. 시간이 부족한 걸 탓할게 아니라, 집중력이 낮아 주어진 시간을 잘 이용하지 못했음을 탓해야 한다. 많이 나태해졌고 해이해졌다. 어느 새 남은 날은 130일. 생각보다 많이 시간을 허비해 버린 것 같다. 다음 달 그 이후에는 내가 놓쳐버린 시간을 만회하기 위해 처절하게 몸부림쳐야 할 것이다. 집중력이 많이 떨어져 있기에 다시 끌어올려야 할 테고 아직도 과목별로 부족한 점은 끝없이 보인다. 남은 기간 안에 내가 만점을 받을 수 있을까? 있다. 다만 혼신의 힘을 다해야 할 나는 우리 반에서는 가장 열심히 공부하는 학생이었지만 결코 그 정도 사실에 자만하거나 우쭐해 하지 않았다. 내가 열심히 하면 하는 만큼 그 이상으로 열심히 하는 가상의 경쟁자를 설정했고 그에 비하면 늘 부족했다.

늘 나보다 열심히 하는 사람이 있을 거라는 생각을 가졌다. 설령 그런 사람이 보이진 않더라도 말이다. 스스로를 채찍질해가며 최대한의 능력치를 끌어내기 위해 노력했다.

체력적으로 정신적으로 지쳐서 공부가 힘들어도 '그럴 수 있어.'라던가, '넌 이미 열심히 해왔으니 조금 풀어져도 돼.'와 같이 느슨한 생각은 허용하지 않았다. 오히려 너무 힘들거나 집중이 잘 되지 않을 때는 일기를 썼다. 일반적인 일기처럼 그날 있었던 일 따위를 나열하는 것이 아니라 최선을 다해 공부를 하지 못한 나를 채찍질하고 반성하며 더 나은 미래를 다짐하고 응원하는 내용의 일기였다.

단순히 공부하는 태도뿐만 아니라 비교적 만족스러운 성적이 나와도 내게 만족스러운 점만 보기보다는 틀린 문제들과 실수나 부족한 점들에 초점을 맞춰서 스스로를 성찰하고 이를 보완하기 위한 계획을 세웠다. 그래서 나는 재수생활 내내 스스로 열심히 하는 행위나 좋은 성적을 맞은 것에 취해서 느슨해진 적이 없다.

늘 열심히 했지만 더 열심히 하고자 했으며 시험은 늘 더 잘 보고자 했다. 스스로를 끊임없이 돌아보고 부족한 점을 피드백해가며 항상 최상의 상태를 유지하고자 했다. 겸손과 반성하는 태도 없이 작은 성취에 만족하고 자만했다면 결코 270일이라는 긴 시간 내내 최선을 다해 공부하지 못했을 것이다.

자만이 아닌 자신감 🖉

'자만'과 '자신감'의 사전적 의미는 큰 차이가 없어 보이지만 왠지 큰 거리감이 느껴지는 단어다. 개인적으로 '근거가 없는 자신감(근자감)'을 '자만'이라는 단어와 동일시하고 싶다. 전혀 그럴만한 근거가 없는데도 스스로 자랑스러워하고 뽐낸다면 그것은 자만이다. 그럴만한 '근거'가 있을 때는 비로소 자만이 아닌 자신감이 되는 것이다.

재수생들의 가장 잘못된 태도 중 하나는 바로 자만하는 태도이다. 재수생들은 고3 시절을 한 번 경험했고 실패한 학생들이다. 그러나 고등학교 시절을 겪어봤다는 이유만으로 왠지 모르게 재수생들은 고3에 대해 우월감을 느낀다. 하지만 사실은 전혀 다르다.

사실 의대만 와봐도 재수생활 없이 의대에 진학한 현역 학생들이 많다. 이들은 대체로 1.0에 가까운 내신 점수와 우수한 수능 점수를 가지고 입학했다. 단순히 고등학교 시절을 겪어봤다고 고등학교 교육과정을 마스터한 것도 아니고 그들보다 앞서있는 것도 아니다. 중학교 영재들이 올림피아드 문제를 평범한 고등학생들보다 잘 푸는 것과 비슷하다고 할 수도 있겠다.

나는 운이 좋게도 고등학교 친구들 중 현역으로 의대에 진학한 친구들이 있었기 때문에 그들을 통해 나의 부족함을 더더욱 느끼고 자만하지 않을 수 있었다.

이제부턴 정신력이다. 정신력으로 잠도 참고 집중해야 한다. 이제부턴 슬슬 나가떨어지는 애들이 생길 거고 결국 정신력 강하고 의지 센 놈들만 살아남을 거다. 내 경쟁상대는 E반이 아니다. 전국의 모든 재수생, 고3들이다. 고3을 겪어봤다고 내가 그들보다 잘하진 않는다. 겸손해라. 작년 이 시기의 ○○이 지금의 나보다 훨씬 잘했다. 난 1년 넘게 하는데도 아직 ○○ 발끝을 못 따라가고 있는 거다. ○○을 넘어서야 원하는 대학을 간다. 자신감. 필요하다. 하지만 자신감과 자만을 착각하는 순간 나는 그 안에서 그대로 묻히는 거다. 자만하면 안 된다. 자신도 있고, 겸손도 해야 한다. 실력에 고개를 숙이자. 그

많은 재수학원 선생님들이 학생들에게 자신감을 불어 넣기 위해 수업 중에 "이런 오답은 고3들이나 고르는 거고, 우리는 재수생이니깐 당연히 이런 보기에 낚이지 않겠지?"와 같은 얘기를 많이 한다. 그것은 어디까지 유머일 뿐 진심으로 이러한 생각을 가지면 그때부터 자만이 되는 거다. 고등학교를 다닐 때 열심히 하지 않은 스스로의 과거는 생각하지 않고 근거 없이 재수생이 더 우수하다고 생각하는 것이다.

그렇다면 자만하지 않으면서 자신감을 가지려면 어떻게 해야 할까? 바로 '근거'를 만들어야 한다. 자신감을 가질만한 근거 말이다. 그 근거는? 당연히 누구보다도 열심히 할 때 나온다. 종종 '과연 하면 될까?'라는 비관적인 질문만 던지고 자신감이 없는 학생들이 나에게 찾아온다.

내가 그 상황에서 근거도 없이 '넌 잘 할 수 있어!'와 같은 무의미한 응원만 해준다면, 그 학생의 삶에는 큰 변화도 없으면서 자만심만 생길 수 있어서 그런 말은 잘 해주지 않는다. 대신 다음과 같이 말한다.

"그런데 너 정말 누구 앞에 내놔도 부끄럽지 않을 정도로 열심히 공부해봤니? 과목별로 책 한 권씩 모두 끝까지 풀어봤어? 일단 내가 한 가지는 장담할게. 정말 누구 앞에 내놔도 부끄럽지 않을 정도로 꾸준히 공부하면 성적은 무조건 올라. 그러면 자신감은 누가 심어주지 않아도 절로 생길거야. 그런데 이대로 정체되어 있거나 적당히 공부하면 성적은 오를 리가 없어. 너도 자신감을 잃고 공부에 흥미를 잃게 되겠지."

남이 심어줄 수 있는 건 자만이다. 자신감은 말 그대로 자기 자신이 충분한 근거를 만들면 자연스럽게 생기는 것이다. 그 근거는 전국의 그 누구에게 내놔도 부끄럽지 않고 자랑스러울 정도로 열심히 하는 것이 될 것이다. 나는 단 한순간도 자만하지 않았지만, 나 스스로 누구보다 열심히 한다고 생각했기에 늘 당당했고 자신감이 넘쳤다.

제가 열심히 하고 있단 말은 뭐 더 이상 할 필요도 없는 것 같아요. 지금 (수업이 계속 있는 평일) 저녁 7시 50분인데, 오늘 쪼개고 쪼개서 공부한 시간이 벌써 6시간이라네요... 이런 생활을 계속 해나가니까 다른 애들과는 달리 불안함도 전혀 느껴지지 않고 그렇다고 초조하지도 않고 그냥 빨리 끝나고 과외나 하고 싶단 생각 밖에 없는 것 같아요. 정말이지, 올해 얼마나 많은 구멍들을 메꿔나갔나를 생각하면 좀 믿겨지지 않기도 하고, 뿌듯하기도 하고... 그냥 이런 노력들을 얼마만

> 큼의 보상으로 돌려받게 될까만이 궁금한 상황이에요. 잘 될 거예요.
>
> 전 그런 확신이 있어요. 저 같은 애가 잘 안 되면 잘 될 사람 없죠.
>
> — 어머니 생신에 보낸 편지 중에서

바로 이거다. 내가 수능을 못 볼 리가 없다는 생각. 실패할 리가 없다는 생각. 내가 실패하면 성공할 사람이 없다는 생각. 무작정 긍정적인 생각을 하는 것이 아닌 최선을 다하는 태도에서 자연스레 배어 나오는 자신감과 확신을 부모님은 편지로부터 느끼셨다고 했다.

평일이라 수업이 계속 있음에도 자투리 시간을 모두 활용해 공부를 해냈다. 이날도 남은 자습 시간을 전부 활용해 10시간 정도의 공부 시간을 달성했다. 이렇게 공부하며 자신감을 가지지 못하는 것이 더 어려운 일 아닐까?

1등보다 만점

1등과 만점. 뭐가 더 어려울까? 많은 사람들이 만점 맞기가 1등하기보다 더 어려운 일이라고 대답할 것이다. 1등이라고 모두 만점은 아니지만 만점을 맞으면 무조건 1등이기 때문에 사실 맞는 말이다. 그러나 나는 학생들에게 항상 1등을 하겠다는 생각보다 만점을 맞겠다는 생각을 하라고 한다.

무슨 차이일까? 바로 1등은 상대적인 개념이고 만점은 절대적인 개념이라는 점에 있다. 반에서 1등을 하겠다는 생각을 하기 시작하면 우선 나보다 성적이 좋은 친구들을 먼저 보게 된다.

1등을 하기 위해서 내가 뛰어넘어야 할 경쟁자들이기 때문에 계속 그들을 견제하게 되고 그들의 성적을 신경 쓰게 된다. 전교에서 1등을 하겠다면 더 많은 학생들이 눈에 밟힐 것이다.

이렇게 나의 상대적인 위치를 올려야겠다는 생각으로 공부했다면 엄청난 압박감을 결코 버티지 못했을 것이다.

생각해보라. 현재 나는 기숙학원의 꼴찌반이고 심지어 그 반에서 1등을 하고 있지도 못하다. 그리고 그 앞에 넘어야 할 S반, P반 학생들이 득실득실하다. 의대가 목표이기 때문에 어떻게 보면 전국에 내가 넘어야 할 학생의 수는 아마 어마어마할 것이다.

수학 8점에서 100점까지 도달하려면 대체 몇 명의 학생들을 넘어서야 하는 것일까? 그 중에도 지금 공부하고 있는 학생들까지 넘어서려면? 이런 식으로 머리가 엄청나게 복잡해진다. 그리고 결정적으로 상대적인 위치는 내가 통제할 수 있는 영역이 아니다. 공부를 아무리 잘 하는 학생이라도 본인이 등수를 조절할 수는 없다. 이번 시험은 5등, 다음 시험은 3등, 그 다음 시험은 1등… 아무도 원하는 등수를 정확히 맞추지는 못한다.

그러나 '만점'을 맞겠다면? 어떻게 보면 1등보다 어려워 보이지만, 심리적으로는 훨씬 유리하게 작용한다.

만점을 맞는 사람들은 어떤 사람들일까? 간단하다. 그냥 그 시험 범위 내에서 모르는 것이 없는 사람들이다. 따라서 내가 '모르는 것'을 꾸준히 찾고 그것을 배우고 채워 넣으면 된다. 문제를 풀면서 나의 구멍을 찾을 수 있고, 수업 시간과 자습 시간의 공부를 통해 구멍을 채울 수 있다. 그런 식으로 하루하루 공부해 나가면 점점 모르는 내용은 줄어들고 결국 완벽Perfection에 가까워질 것이다.

나의 플래너 표지에는 E $\overset{\infty}{\rightarrow}$ P 라는 말이 쓰여 있다. 사실 처음에는 고등학교 친구 중 의대에 진학한 친구가 어디에 써놓은 것을 보고 왠지 멋있어서 따라 쓴 것인데 그 의미를 재수할 때 알게 되었다.

바로 무한(∞)의 노력E; Effort으로 완벽P; Perfection에 도달하자는 의미였는데 곱씹어볼수록 너무 좋은 말이었다.

1등이나 좋은 등수를 추구하는 것이 아니라 모르는 것이 없는 완벽한 상태, 만점을 추구하기 위한 공부가 필요했다. 이런 마음가짐을 갖고 꾸준히 공부했고 그래서인지 남들보다 성적에 대한 스트레스나 압박감을 거의 받지 않았다.

모의고사를 보고 성적표가 나와도 남들은 등급을 볼 때 나는 원점수에 집중했다. 시험이 쉽든 어렵든 틀린 문제를 통해 무엇이 부족했는지를 파악하고 이를 공부해서 다시는 비슷한 부분에서 틀리지 않도록 노력했다. 등급은 대강 난이도를 파악하는 정도로만 참고했을 뿐이다.

의대를 지망하는 많은 학생들의 목표가 '올 1등급'이라고 한다. 그러나 그런 목표는 너무나도 큰 압박감을 준다. 현재 몇 등급이고 백분위는 몇 %를 올려야 1등급이 되는지 등을 계속 생각하게 만들어 정작 내가 틀린 문제, 나의 부족한 점에 집중하지 못하게 된다.

이 책 전반에 걸쳐 여러 번 얘기하지만 부족한 점을 찾고 채워나가는 과정이 바로 공부의 본질이다. 많은 학생들이 본질을 잊고 어느 순간부터 기계적으로 공부를 하는 자신의 모습을 발견하게 된다. 그러면서 하는 흔한 얘기가 '문제도 많이 풀고 공부도 많이 하는데 성적이 오르지 않는다'는 말이다.

구멍을 찾아 메꾸는 공부가 아니라 별 생각 없이 문제를 풀고 공부를 하면 결코 만점에 도달할 수 없다. 부족한 점이, 모르는 부분이, 구멍이 없는 완벽한 상태에 도달했을 때 비로소 만점을 맞을 수 있는 것이다.

부디 잊지 말자. 경쟁자는 옆 사람이 아닌 자신이고 1등보다는 만점을 맞자는 생각으로 공부해야 한다는 사실을.

오, 이런, 211일 남았다니. 요즘 나 너무 많이 존다. 뭐 여러 가지 이유가 있을 것이다. 굳이 변명을 하자면 익숙해진 교실, 따뜻해진 날씨 등. 하지만 가장 큰 문제는 나의 정신력이라는 생각이 강하게 든다. 그 이유는 그렇게 졸리지 않을 때도 주변에서 좀 잔다 싶으면 졸아 버리는 일들이 꽤 일어나서이다. 내가 전에 얘기했던 걸 잊었나? 내가 당당하게 졸릴 때 굳이 일어나거나 하지 않아도 정신력만으로 졸음을 쫓을 수 있다고 했는데, 지금은 아예 그 정신력을 발휘하려는 노력을 하지 않는 것 같다. 이대로 200일이 흐르면 아니 100일이라도 흐르면 올해 수능은 작년과 비슷하거나 더 떨어진다. 확실하게 냉정해지자. 스스로에게 관대해지는 것은 자신의 발전 가능성을 차단하는 것. 계속 스스로에게 채찍질을 해야 한다.

— 일기 중에서

수험생활 중간에 스스로와 타협하며 초심을 지키지 못하는 학생들을 많이 봤다. 분명 처음에는 높은 목표와 동기를 가지고 시작하는데, 끊임없는 타협으로 목표는 점차 낮아지고, 결국 적당한 성적으로 수험생활이 마무리된다.

대표적으로 고등학교 1, 2학년 때는 다들 특정 대학을 무시하다가 고등학교 3학년이 되어 본인의 위치를 알게 되면서 그제야 그 대학의 장점을 찾아보고 수긍하며 원서를 접수한다.

본인의 현실적인 위치를 아는 것은 물론 중요하다. 매일 허황된 꿈만 꾸고 있는 학생들보다는 나을 수 있다. 그러나 가장 바람직한 것은 허황된 꿈으로 시작해 그 꿈이 결코 허황되지 않도록 '나의 현실'을 바꾸는 것이다. 그것이 학생의 도리 아니겠는가.

현재 본인의 위치보다 높은 목표를 잡아야 또 열심히 달릴 수 있는 원동력이 생기기도 한다. 그저 '그래, 이게 내 위치야.'라고 생각하고 끊임없이 타협하며 현실에 안주하기보다는 남들이 비웃을 만한 목표를 잡고, 대신 그 목표에 걸맞도록 정말로 열심히 노력하면 최소한 현실에 안주하기보다는 좋은 상황이 될 것이다.

나의 목표는 크게 두 가지였다. 첫 번째는 과정에 대한 목표, 그리고 하나는 결과에 대한 목표이다.

과정에 대한 목표는 매일매일 모든 수험생 중 가장 열심히 공부해서 수능이 끝난 이후 일말의 아쉬움을 남기지 않는 것이었다. 아무리 열심히 해도 전국의 수험생 중 가장 열심히 했다는 확신을 가지기는 힘들었다. 가상의 경쟁자는 늘 나보다 열심히 했고 그런 경쟁자를 두고 적당히 할 수는 없었다.

실제로 매일을 이렇게 보내면서 수능이 끝난 이후 수험생활 270일에 대해 약간의 아쉬움도 느끼지 않았다.

결과에 대한 목표는 늘 수능 만점이었고 의대였다. 솔직히 말하면 이때는 의사의 꿈을 간절하게 가졌다기보다는 일단 최고 점수를 받고 수능 이후에 진로를 고민해보자는 주의였다. 120%를 준비해야 어떤 변수가 생겨도 최소한 100%의 성적이 나올 수 있다는 생각으로 최선을 다했다.

너무나도 허황되고 높은 목표가 있다 보니 최선을 다하지 않을 수 없는 상황이었다. 조금 타협해서 목표를 낮추거나 스스로 부족한 점을 용서하기는 싫었다. 부족한 점이 보이면 고치기 위해 계속 노력했고 완벽에 이르기 전까지 타협은 절대로 하지 않았다.

이때 스스로에게 엄격하기 위해 전제되어야 하는 것 중 하나는 바로 '끊임없는 피드백'이다. 그냥 시간이 흘러감에 따라 공부하는 것이 아니라 중간 중간 일기나 플래너 등을 작성하며 스스로에 대한 평가를 계속 해나갔다. 잘한 점보다는 부족했던 점을 계속 생각하며 적어두었고 이후에는 절대 그러지 않도록 계속 고쳐나갔다.

앞에서 언급한 완벽함Perfection에 이르기 위해 계속 노력하기 위해서는 절대로 스스로를 용서하거나 봐주는 등 타협하는 자세 없이 누구보다도 냉정하게 바라보는 시선이 필요하다.

쿨해지기 🖉

혼들릴 만한 상황에서도 흔들리지 않고 본인의 상태를 유지하는 사람들을 보통 '쿨하다'고 한다. 수험생 역시 쿨해지는 게 좋다고 생각이 드는데, 그 대상은 딱 두 가지다. 모의고사 그리고 주변 사람들.

모의고사와 주변 사람들은 수험생을 가장 크게 흔드는 요인이다. 모의고사를 치른 날에는 시험을 만족스럽게 본 소수의 사람들은 우쭐함으로, 잘 못 본 사람들은 우울함으로 하루를 보낸다.

나는 모의고사가 끝나면 아무 것도 할 수가 없었다. 체력적으로 힘이 빠졌다. 평소보다 다소 긴장된 상태로 새로운 문제를 맞이하여 하루 종일 집중하며 그동안 연습해온 것들을 적용하기 위해 안간힘을 쓰고 나면 체력이 남아나질 않았다. 그래서 간단하게 채점을 마친 이후 그날만큼은 아무 생각 없이 휴식을 취하며 머릿속에 행여나 잡념이 생기는 것을 방지했다.

모의고사를 보며 부족한 부분을 많이 찾았고 훈련이 잘 된 부분들도 확인하는 등 충분히 공부가 되었기 때문에 굳이 그날 모의고사 오답 정리를 하면서 우울해지거나 우쭐해지고 싶지 않았다.

대신 소설책이나 성공에 대한 책(이 책 같은 류)을 읽으며 모의고사를 치르면서 긴장되고 업되어 있는 마음가짐을 안정시키고 다음날을 준비했다.

그리고나서 차분한 상태로 다음날 모의고사에 대한 피드백을 진행하면 훨씬 더 객관적이고 냉정하게 나의 점수에 대해 평가를 하고 고쳐나갈 수 있다.

모의고사만큼 실험해보고 평가하기 좋은 기회는 사실 없다. 하지만 이것으로 되레 나의 공부가 흔들린다면 차라리 시험을 보지 않는 게 낫다.

그리고 모의고사보다도 본인을 더 크게 흔들 수 있는 건 바로 주변 사람이다. 같은 반 친구가 될 수도 있고, 선생님이 될 수도 있다. 물론 그들이 하는 말들이 도움이 될 수도 있지만 계속 달리기에도 짧은 수험생활 속에서 그들의 한마디 한마디에 일희일비하면 평정심을 유지하며 끝까지 공부할 수가 없다.

사실 여기서 주변 사람들의 한 마디는 칭찬과 응원일 수도, 질책과 비난일 수도 있다. 칭찬과 응원은 본인에게 도움이 되는 방향으로 적당히 받아들이고 너무 빠져있으면 안 된다. 칭찬과 응원의 말들을 반복해 듣다보면 매너리즘에 빠져 적당히 해도 될 거라는 생각이 드는 것이다. 칭찬은 칭찬대로 듣고 보다 더 열심히 하는 원동력 정도로 삼는 게 좋다. 다음은 내가 말도 별로 안 해본 반 친구에게 칭찬을 받고 쓴 일기이다.

공부 열심히 하는 걸로 칭찬받는 건 정말 기분 좋고 동기부여가 되는 일이다. 방금 ○○이가 교실로 들어오면서 저녁 시간 혼자 공부하고 있던 날 보고 대단하다고, 공부에 대한 열정이 느껴진다면서 무서울 정도라고, 자극이 된다고 그랬다. 일단 재수학원에서 열정이 느껴진다, 무섭다 이런 얘기를 듣다니... 들어온 지 70일 만에 들었다. 이제 초반 모두가 열심히 하던 시기도 지나가고, 슬슬 열심히 하는 사람과 그렇지 않는 사람이 가려지는 즈음에 이 말을 들었다. 진짜 지금 눈물 날 것 같은 심정이다. 밖에 있는 지인들은 내가 이렇게 열심히 하는 걸 알고는 있을까? 중간에 잠깐 느슨해질 뻔한 나를 스스로 되잡은 것 같아 뭔가 뿌듯하다. 여튼! 기분 좋은 하루다. 계속 오늘처럼 열심히 하자.

— 일기 중에서

당연히 칭찬을 들으면 기분이 좋다. 그러나 그것에 취해서 만족하기보다는 뿌듯함은 뿌듯함대로 간직하고 더 열심히 노력했다. 솔직히 칭찬과 응원으로 흔들리는 학생들은 많이 없을 것이다. 더 힘든 것은 비난과 질책을 듣고도 흔들리지 않는 것이다.

나는 수업 시간에 집중력을 높이기 위해 대답을 열심히 했다. 그렇게 열심히 대답하며 만족스러운 시간을 보내던 어느 날, 생각지도 못한 곳에서 시비를 걸어오는 사람이 있었다. 바로 근처에 앉던 친구였는데, 어느 날 점심을 먹고 오자 내 자리에 쪽지가 하나 놓여있었다.

'난 네가 수업 시간에 대답을 할 때마다 집중력이 깨져. 선생님이 어떤 질문을 했을 때 네가 '네'라고 할 때마다 순간적으로 생각이 멈춰. 그러니깐 수업 시간에 대답 좀 하지 말아줘.'

너무 당황스러웠다. 우리 반이 대답을 너무 안 해서 선생님들도 지적할 정도였고 그나마 내가 대답을 하면서 반 분위기 자체가 바뀌어가고 있던 시점이었다. 그럼 다시 조용히 하라는 말인가? 처음에는 감정이 많이 상했다. 예상치 못한 부분이라 화도 많이 났다.

그 뿐만 아니라 성적이 좋은 S반과의 차별로 인해 속앓이를 했던 일도 있다. 비현실적인 이야기라고 생각할 수도 있다. 그러나 재수학원 내에서는 상상 이상으로 상위 반과 하위 반에 대한 차별이 굉장히 심했다.

어떤 선생님은 수학 문제를 풀다가 실수할 때마다 '이건 E반 애들이나 하는 짓'이라는 말을 습관적으로 하기도 했다. 이런 차별을 나만 당한 건 아니었고 우리 반의 많은 학생들이 당했다. 대부분의 우리 반 학생들은 이런 차별을 당하고 기분이 상해서 교실로 돌아와 씩씩대다가 잠들었다.

그때마다 나는 분노를 독기로 승화시켜 더 열심히 공부를 했다. 그런 일들로 감정이 상해 공부를 못하기보다는 차라리 더 열심히 해서 나중에 수능 점수로, 성적으로 무시하는 사람들에게 통쾌한 복수를 해주겠다는 생각을 했다.

고등학교 3학년 때 선생님과 입시 상담을 하고나면 예상보다 처참한 현실에 맞닥뜨리게 된다. 물론 그것이 정말 현실일 수도 있다. 그러나 현재의 현실일 뿐이다.

남이 뭐라고 하든, 모의고사 성적이 어떻든 이 시대의 쿨가이처럼 본인의 공부를 계속 해나가며 부족한 점을 하나씩 채우다 보면 나를 무시하던 사람들의 엉덩이를 크게 걷어차 줄 날이 언젠가 분명히 올 것이다.

불편해하기 ✏️

스마트폰도 없애고 친구들과의 대화도 줄이고 모든 방해 요인들을 없앴는데도 이전만큼 공부를 하지 않는다고 느껴질 때가 있다. 공부 밖에 하지 않는데도 그렇게 느껴지는 이유는, 바로 편해지고 익숙해진 환경 때문이다.

사실 사람이라면 어떤 환경이든 적응하기 때문에 이를 통제하기란 거의 불가능에 가깝다. 그렇다고 학원이나 학교를 계속 옮겨 다닐 수도 없는 노릇이다.

대부분의 상황에서 '불편함'은 '편함'보다 부정적인 뉘앙스를 띠지만, 수험생에게는 오히려 '불편함'이 도움이 된다. 그래서 스스로에게 미션을 주며 강제로 어느 정도의 긴장감을 부여해줄 필요가 있다.

내가 풀어지려고 할 때마다 긴장감을 가지고 끝까지 공부할 수 있도록 해준 것들이 몇 가지 있는데, 그중 첫 번째는 바로 계획표다.

나는 270일 중 단 한 주도, 단 하루도 계획 없이 지내지 않았다. 그리고 공부 능력이 늘어남에 따라 계획 짜는 양을 늘리면 늘렸지, 절대로 중간에 양을 줄이지 않았다. 그리고 미처 못 다한 일주일 계획은 어떻게든 주말을 이용해서 다 해냈다. 계획을 달성하지 못하는 것은 스스로 용서할 수 없다는 생각이 있었기에 엄청나게 쏟아지는 계획들을 달성하기 위해서는 단 하루도 편하게 보낼 수 없었다.

매일매일 모든 자투리 시간을 이용하고 집중력을 발휘해도 계획을 달성하지 못하는 날이 대부분이었다. 오히려 하루 계획을 전부 달성한 날은 기억이 나지 않을 정도이다.

한 주 계획이 다음 주로 넘어가 진도가 밀리는 것만큼은 견딜 수가 없었다. 그래서 수업이 없어서 풀어지는 주말에도 긴장감을 유지할 수 있었다.

나의 긴장감을 유지시켜준 두 번째는 바로 일기장이었다. 나의 일기장은 하루 일과를 기록하는, 일반적인 일기장이 아니었다. 매일 쓰지도 않았다.

체력적으로나 정신적으로 힘들 때 혹은 긴 시간 풀리지 않을 정도로 어려운 문제로 진도가 늦어지고 이로 인해 답답함을 느끼고 의욕을 잃으려고 할 때, 일기장을 집어 들었다.

그날의 힘든 감정을 솔직하게 일기장에 쓰다 보면 항상 마무리는 스스로에 대한 격려와 다짐으로 마무리되곤 했다.

일기가 조금씩 쌓여가다 보니 나중에는 따로 일기를 쓰지 않아도 기존의 일기장을 읽으며 초심을 찾고 더욱 힘을 내서 긴장감을 갖고 공부할 수 있게 되었다.

재수를 성공적으로 마친 많은 상위권 학생들은 재수 시절 친구 1~2명 정도와 서로 힘을 주며 어려움을 극복했다고 하는 경우를 봤다. 나는 친구와 대화를 시작하면 하루 자습 시간 정도는 쉽게 날릴 정도로 말하는 것을 좋아하기 때문에 친구와의 대화를 즐기는 성격의 학생이라면 혼자만의 감정을 일기장에 풀어내며 스스로에게 긴장감을 부여하는 방법을 추천한다. 시간도 오래 안 걸리고 힘든 상황을 스스로 이겨냈다는 뿌듯함이 스스로를 강하게 만들어 줄 것이다.

긴장감이 떨어질 때마다 썼던 마지막 방법은 '습관 만들기'였다. 예를 들면 이런 식이었다. 내가 재수를 할 때 가장 졸음이 쏟아졌던 시기가 날씨가 따뜻해지는 3월과 8월이었다. 졸다 보면 집중력이 떨어진다.

그럴 바에는 차라리 조금 자고 공부하는 게 낫지 않을까라는 유혹에 강하게 시달린다. 당장은 그럴 수 있지만 자주 그러다 보면 습관으로 고착된다. 이때 자는 시간이 점점 늘어날 수 있기 때문에 규칙적으로 취침하며 교실에서는 아예 자지 않는 습관을 만들어야 한다.

어디선가 '21일 법칙'이라는 걸 읽었던 기억이 떠올랐다. 어떤 습관이 되기까지는 21일 정도의 기간이 필요하다는 얘기였다. 정말인지는 알 길이 없었지만 아무렴 어떠랴. 일단 플래너에 포스트잇을 하나 붙이고 〈3주간 안 졸기 프로젝트〉를 시작했다.

성공한다고 상을 주는 것도 아니고, 실패한다고 벌을 받는 것도 아닌 그냥 혼자서 하는 프로젝트였다. 3주 동안 졸지 않기 위해 최선을 다하다 보면 졸지 않는 것이 또 하나의 습관이 되지 않을까라는 기대감에 시작했다.

3주간의 날짜를 모두 적었고 졸음이 올 때 단 5초라도 눈을 감고 있는 나 자신을 발견하는 순간 잠에 빠져드는 것이 아니라 바로 일어나서 해당 날짜에 체크를 했다. 단순히 조는 횟수뿐만 아니라 졸음에 빠져들려고 하는 순간까지도 체크를 했다. 이렇게 하니 체크를 할 때마다 아쉬움이 크게 묻어났다. 그래서 졸지 않기 위해 노력했다.

'이제부터 안 졸아야지!'라고 다짐하는 것과 다짐과 실행이 실제로 종이 위에 가시화되는 것은 전혀 다른 자극이다. 머릿속으로만 다짐하면 실패해도 아무도 모를 뿐더러 본인 스스로도 다짐에 실패했다는 것을 잘 느끼지 못해 며칠 정도만 효과가 있을 뿐 새로운 습관을 형성하는 것에는 실패하게 된다.

〈3주간 안 졸기 프로젝트〉의 3주라는 꽤나 긴 기간 동안 잠깐이라도 졸았던 횟수는 단 7번이었다. 그리고 그 중 1분 넘게 졸았던 것은 단 한 번, 무려 7분이나 졸았던 일요일.

스스로에게 미션을 부여하고, 독백으로 끝나는 것이 아닌 종이 위에 실체화시키면 더욱 긴장감이 생기고 왠지 모를 오기가 생긴다. 이제 졸지 않는 새로운 습관을 갖고 싶다는 생각 말이다. 나는 같은 방식으로, 학생들이 체력적으로 많이 힘들어하는 8월에도 〈4주간 안 졸기 프로젝트〉로 어려움을 이겨냈다.

수험생활이라는 것은 대체로 변하지 않는 환경 안에서 이루어진다. 같은 장소 안에서, 같은 시간표로 운영된다. 물론 '루틴'이라는 것을 위해서, 일정한 환경을 유지하는 것은 매우 중요한 일이다. 그러나 루틴과 함께 환경에 익숙해지고 편안해지는 것은 단점으로 작용할 때가 많다. 처음엔 낯설고 불편한 환경 때문에 졸지 않다가도 어느 순간부터 졸아도 아무렇지도 않고, 똑같이 앉아 있어도 풀어진 채로 하루를 보내게 된다.

그렇다고 환경을 바꿀 수는 없으니 계획적인 생활, 일기장, 스스로와의 프로젝트 등으로 끊임없이 본인에게 채찍질을 하며 그 안에서 뭔가 '새로운 환경'을 조성해주는 것이다. 이런 식으로 하면 공부에 재미도 생기고, 긴 시간 지치지 않고 늘 초심을 유지하며 달려갈 수 있도록 해준다.

인간의 마음은 간사해서 분명히 고생하려고 시작한 수험생활임에도 편한 쪽, 익숙한 쪽을 찾게 된다. 그럴 때 스스로에게 계속 무언가를 부여하며 초심을 되찾으면 중간에 풀어지는 일 없이 처음부터 끝까지 긴장감을 유지하며 달려갈 수 있을 것이다.

인내하기 🖊

내게 270일이라는 시간은 계속 열심히 달리기에는 너무 길고, 목표에 도달하기에는 너무 짧은 시간이었다. 수험생들은 도중에 의욕을 잃는 경우가 많이 생기는데, 공부를 그 어느 때보다도 열심히 했다고 생각했는데 생각처럼 점수가 오르지 않기 때문이다.

특히 나처럼 공부를 열심히 안 하다가 갑자기 열심히 공부를 한 경우에는 더욱 그렇다. 본인이 오랜 시간 공부하지 않은 것은 생각하지 못하고, 당장 이번 달, 올해 공부한 것만 생각해서 성적이 잘 안 나오거나 문제가 잘 풀리지 않으면 아쉬워한다.

나 역시도 아무 대비 없이 수험생활을 시작했으면 그랬을 것이다. 그러나 다행히도 배울 점이 많은 친구들이 곁에 있었다. 고3 당시 같은 반이었던 친구가 있었는데, 그 친구는 늘 전교권의 성적을 받았고 결국 의대에 진학했다. (편지를 써주었던 친구 말고 다른 친구이다.)

그 친구는 평소 본인의 책상이나 플래너에 다소 오글거리는 문구들을 많이 써놓아서 친구들에게 놀림 받곤 했는데 나도 그 중 하나였다. 매일 그런 문구를 발견할 때마다 그 친구 앞에서 문구를 읽으며 민망해하는 그 친구의 모습을 보는 게 그렇게 재밌을 수가 없었다.

재수를 시작한지 얼마 되지 않아 문득 떠오르는 문구가 하나 있었다. 그 친구의 플래너에 쓰여 있던 말로 기억한다.

"수능 전에 틀리는 것은 다 맞기 위한 과정"

무심코 지나치기 쉬운 말인데, 이 말이 내겐 너무나도 감명 깊었다. 그렇다. 수능 전에는 무수히 많은 문제를 풀고, 또 그 안에서 무수히 많은 문제를 틀린다. 대체 언제쯤 없어질까 싶을 정도로 모르는 것은 끝도 없이 나온다. 오히려 배우고 공부할수록 모르는 것이 더 많이 보이기도 한다.

그동안 공부를 열심히 해오지 않았기에 당연한 것인데, 당장 노력한 만큼의 대가를 받고 싶어 하는 본능적인 보상심리 때문에 모르는 것이 점점 많아지는 것, 성적이 오르지 않는 것을 견디지 못하고 의욕을 잃게 된다.

'내가 어딘가 잘못하고 있는 것일까?'라는 의문에 사로잡혀 의미없는 상담과 고민을 반복하며 시간을 흘려보내게 된다. 그럼 대체 성적은 언제쯤 오르고, 왜 공부를 많이 하는 데도 성적이 오르지 않는 것일까?

　여러 가지 이유가 있고, 사람마다 다르겠지만 가장 큰 이유는 수능은 '지식'을 테스트하는 시험이 아니기 때문이다. 수능 시험은 '대학수학능력시험'의 약자이다. 대학교에 가서 학문을 받아들이는 능력을 테스트하는 시험이다. 그래서 기본적인 지식이나 공식을 토대로 사고하는 능력, 응용하는 능력 등을 시험한다.

　그러나 나처럼 기본이 되어 있지 않은 사람은 '지식' 습득 단계부터 시작하게 된다. 공식을 외우고 이론을 배우며 간단한 문제들을 통해서 잘 알고 있는지 확인하는 단계이다. 이 단계에서 얻는 지식을 '개념'이라고도 할 수 있을 것이다. 개념을 단순히 '지식을 암기하는 것'이라고 생각하는 학생들이 많아 그냥 공식이나 이론을 외우고 바로 어려운 문제 풀이 단계로 넘어가는 학생들도 있다. 단언컨대 절대로 성적은 오르지 않는다.

　공식, 이론들 간의 연결과 논리, 상관관계를 완벽히 이해하고 문제에 적용할 수 있을 때 비로소 개념을 완성했다고 할 수 있는 것이다.

　그래서 재수를 시작하고 4~5월까지 개념 완성 단계로 설정하고 개념을 익혔다. 개념은 기본이기에 정말 중요하다. (추상적이라 지금은 이해가 잘 가지 않겠지만, 뒤쪽에서 과목별로 공부법을 설명할 때 좀 더 자세히 설명하겠다.)

　그러나 문제는 개념을 완성했다고 점수가 오르지 않는다는 것이다. 배점이 낮고 오답률이 높지 않은 문제들은 어느 정도 맞출 수 있다. 하지만 문제를 풀 때 시간도 부족하고 실수도 하고 어려운 문제는 손도 대기 힘들다.

당연하다. 개념을 완벽히 익히는 것과 그 개념을 문제에 적용하는 것 그리고 주어진 시간 안에 문제를 능숙하게 풀어나가는 것은 각각 훈련이 필요한 부분이기 때문이다.

개념을 열심히 공부하고 문제집을 몇 권 풀었다고 해서 성적이 많이 오르길 기대하면 절대 안 된다. 개념을 완벽히 익혔다는 생각이 들면 그 개념을 문제에 적용하는 연습을 해야 한다. 단순히 문제를 푸는 것이 아니라 내가 공부한 개념이 문제에 어떤 방식으로 적용이 되어서 답이 도출되는지까지 연습하는 것이다.

문제는 그냥 출제되지 않는다. 개념을 바탕으로 학생들이 답을 도출할 수 있도록 출제된다. 개념을 완벽히 익히고 그런 생각을 가진 상태로 문제에 접근하면 단순히 공식만 외워서 문제를 풀었을 때는 보이지 않았던 것들이 보인다.

문제를 낸 출제자의 의도부터 어떤 오답 보기로 학생들을 유혹하는지, 정답 보기를 어떻게 어렵게 구성하는지 등 한 문제를 똑같이 풀더라도 개념을 완벽히 익힌 학생과 그렇지 않은 학생은 전혀 다른 수준의 깊이로 접근하게 된다.

그렇다고 완벽하게 개념을 익히고 문제를 푼다고 또 성적이 오르는 것은 아니다. '아이고, 대체 점수는 언제 오르는 거야?'라는 생각이 슬슬 들겠지만 점수가 쉽게 오른다면 누구나 오를 것이다. 몇 년씩 공부해도 점수가 오르지 않는 사람들도 있는데 이 정도에 인내를 잃어버리면 긴 수험생활을 버틸 수가 없다. 이때 이를 악물고 한 번, 참고 견뎌야 한다.

이제 이 정도 참고 공부를 했으면 수능이 몇 개월 남지 않은 시기일 것이다. 이때는 확실히 혼자 문제를 풀 때 틀리는 문제도 줄어들고 전반적으로 꽤나 잘 풀릴 것이다. 그러나 성적은 기대에 못 미칠 것이다. 여전히 최고 난이도의 문제는 안 풀리고, 실수도 나오며 시간이 부족할 수도 있다.

이때 이제 본격적으로 '문제 풀이', 즉 문제를 푸는 것 자체에 대한 연습을 해야 한다. 대부분 인내심이 부족해 앞의 두 단계를 건너뛰고 적당히 이론만 외워서 바로 이 단계에 진입한다. 이론을 대충 본 상태에서 바로 시간을 재면서 문제를 풀고, 단원 별로 제대로 숙지가 되지 않았는데도 수능 시험 형태로 구성된 모의고사식 문제를 주구장창 푼다.

양으로 밀어붙이는 '양치기'를 계속 해봤자 계산력이 향상되거나 실수는 줄어들지는 몰라도 절대로 점수가 크게 오르지 못한다. 틀린 문제를 조금만 바꿔도 또 틀린다. 그러나 앞의 단계가 선행되고 준비가 된 학생이 이 단계를 맞이하면 그때부터 하루가 다르게 점수가 오르기 시작한다.

어려운 문제를 계속 접해가며 사고력과 응용력을 최대로 끌어올리고 시간을 재어가며 본인만의 페이스를 만든다. 또 수능 문제가 출제되는 패턴을 익히고 그동안 착실하게 공부한 개념과 열심히 풀어온 문제들이 쌓여 그제야 점수로 드러나게 된다.

실제로 나는 수능 전에 단 한 번도 학원의 모의고사 100등 안에 들지 못했다. 그러나 수능에서는 전국 상위 0.5% 안에 들어갈 정도로 훌륭한 성적을 냈다.

물론 계속 안정적인 실력을 갖고 있는 것이 가장 좋다. 그러나 그건 이전 몇 년간 열심히 해온, 이미 앞의 단계들을 거친 사람들이 할 수 있는 일이기에 나는 깔끔하게 나의 실력이 바닥임을 인정했다.

그래서 모의고사 순위에는 연연하지 않고 오직 수능에 의한, 수능을 위한 계획을 짜고 실행했던 것이다. 인내가 필요하지만, 역전을 꿈꾸는 학생들에게는 가장 현실적이고 잔인하며 유일한 방법이다.

투자한 만큼 바로 성과가 나오리라는 것은 욕심이다. 이미 개념도 잘 되어 있고 문제 풀이도 많이 이루어져 있는 상위권들은 공부를 하는 대로 점수에 반영이 된다. 그러나 역전을 꿈꾸는 학생이라면 기다려야 한다. 수능 시험은 결코 만만하지 않다. 상위 1% 이내의 성적이 쉽게 얻어질 리가 없다.

계속 부족한 점이 드러나고 오답을 확인하는 것은 결코 유쾌하지 않다. 이 과정이 반복되면 정말 괴롭고 때려치우고 싶을 것이다. 그러나 다시 한 번 이를 악물고 기다리자. 마지막 날, 우리가 조용히 쌓아온 것을 모두의 앞에서 보여주자. 수능 전에 틀리는 것은, 모두 맞기 위한 과정이다.

나의 성공요인에는 여러 가지가 있겠지만, 흔들리지 않고 나를 믿으며, 꿋꿋했던 강한 멘탈이 있었기에 가능한 일이었다. 결국은 긍정적이든, 부정적이든 본인에게 유리한 쪽으로 작용할 수 있도록 마음먹어야 한다. 그대에게 어떤 일이 일어날지 모른다. 그러나 그것대로 여러분이 배울 것도 있을테고 오히려 활용할 수도 있다.

모든 것은 마음먹기에 달렸다. 이미 일어난 일이라면 어쩔 수 없다. 모든 것은 내가 선택한 것이다. 마음가짐이 모든 것을 결정한다는 말을 다시 한 번 강조하며, 우리 대학교 교수님의 말씀으로 마무리한다.

"최고의 선택은 없다. 그러나 그 선택이 최고가 되도록 최선을 다할 뿐이다."

부족함도 철저하게
계획하고 집중하라

9월 모의고사라는 커다란 하나의 이정표를 지나고, 어수선했던 수시 접수 기간도 지났다. 수능은 한 달 반 정도가 남았다. 국어, 수학, 영어를 꾸준히 공부하는 것은 당연했지만, 이제 드디어 과학탐구에 시간을 투자할 때가 되었다.

물론 사고력과 응용력도 필요하지만 다른 과목보다 암기가 훨씬 많이 필요한 영역이기도 하고 그렇기에 시험이 다가올수록 비중을 높이는 것은 당연했다.

수능 전날 국어 문제를 하나 더 푼다고 국어 점수가 오르지는 않지만, 과학탐구 과목은 시험 직전에 본 지식이 문제에 나올 경우 그대로 한 문제를 더 맞힐 수도 있을 만큼 후반 공부의 효율이 좋다.

이런 계획을 일찍이 세워놨기 때문에 미리 화학과 생물 문제풀이집 중 평판이 좋은 것을 구입해 놓았다. 그리고 9월 모의고사가 끝난 이후부터 하루에 엄청난 양의 문제를 풀어나가기 시작했다.

국영수 과목은 꾸준하게 공부하는 것이 중요한 만큼 단 하루도 빠뜨리지 않고 부족한 부분을 최종적으로 보완하는 작업에 들어갔다. 한편 과학탐구 과목은 비중을 높여 하루에 수백 문제씩 풀어나갔다.

과학탐구는 ㉠, ㉡, ㉢ 중 옳은 것을 고르는 형태의 문제가 대부분이라 한 문제에 3개 이상의 지식을 요구한다. 그래서 한 문제 안에서도 얻을 수 있는 지식의 양이 상당하다.

월요일부터 금요일까지 엄청난 수의 문제를 풀고 주말에 오답을 정리하면서 실력이 엄청나게 늘었다. 일주일이 지난 후 그 이전의 오답을 보면 '내가 이 쉬운 걸 지난주에 틀렸다고?' 라는 생각이 들 정도로 하루하루 지식이 빠르게 쌓여갔다.

재미가 있었다. 국영수가 어느 정도 계획한 만큼 궤도에 올라있었고, 그동안 소홀했기에 엄청나게 많은 구멍이 나있던 과학탐구 과목의 구멍이 기대 이상으로 빠르게 메워지자 수능 만점은 더 이상 허황된 꿈이 아니었다. 자신감이 생기며 즐겁게 공부했다. 힘들 때 찾던 일기도 쓸 필요가 없었다. 실제로 9월 1일부터 10월 13일까지 일기를 단 한 번도 쓰지 않았다.

그러나 과학탐구에 긴 시간 큰 공을 들이지 않았었기 때문에 다소 이해가 안 되는 부분들이 있었다. 같은 개념도 말을 조금 바꾸면 헷갈리곤 했다. 그러나 과학은 국영수와 다르게 긴 시간을 생각한다고 해결되거나 실력이 늘지 않는다. 빠르게 누군가에게 배우는 것이 필요했다.

일단 부족한 부분, 이해가 잘 가지 않는 부분을 최대한 끌어 모았고, 틀린 문제의 풀이를 슥 훑어보고 내가 갖고 있는 개념은 바로바로 적어놓았다. 풀이를 봤는데도 이해가 잘 가지 않으면 길게 고민하지 않았다. 대신 포스트잇으로 체크를 해놓

질문할 것들을 표시해 둔 과탐 문제집

았다. 시간이 흐르자 짧은 시간에 내가 푼 과학 문제풀이집 8권의 옆면이 포스트잇으로 빽빽해져 있었다.

수능이 한 달 정도 남은 시점이긴 했지만 예정되어 있던 3박 4일의 휴가를 나갔다. 평소에는 휴가를 나가면 다음 한 달을 위해 온전히

휴식을 취하던 나였지만 이때만큼은 다르게 활용하기로 했다. 아버지 친구 분께 연락드려 작은 과학 학원을 운영하시는 선생님 두 분을 소개 받았다. 나의 선택 과목이었던 화학과 생물 선생님이었다.

이번 휴가만큼은 두 분의 도움을 받아 화학과 생물에서 내가 가진 의문점을 모두 해결할 수 있는 시간으로 쓰기로 했다. 짧은 기간 개인 과외를 받는 셈이었는데 이것이 신의 한 수가 되었다.

3일 동안 매일 과목별로 2시간씩 총 6시간의 수업 시간을 배정해 두었다. 선생님을 만나자마자 바로 질문 공세를 퍼부었다. 오직 한달 간 8권의 책에 모아놓은 의문들만 해결하기에도 6시간은 부족했다. 선생님들도 나의 열정을 느끼셨는지, 내가 사소한 질문만 던져도 훨씬 심화된 내용까지 설명하여 해당 부분이 응용되어 출제되어도 문제가 없을 정도로 꼼꼼하게 설명해주셨다. 3일 동안 과목별로 6시간을 꽉꽉 채워서 누적된 모든 의문을 해결했다.

한 달이 조금 넘는 짧은 시간에 나의 과학 실력은 괄목상대했다. 물론 문제 하나하나 계획을 세워두었기에 가능하였다. 그리고 그 계획을 완벽히 실천해냈다.

나는 자신이 있었다. 내 실력은 거의 다 완성되어 있었고, 마지막 한 달 동안 그동안의 공부를 복습하며 부족했던 부분을 다시 한 번 확인하고 점검하면 수능을 분명히 잘 볼 것 같았다.

수능을 정확히 한 달 남기고 나는 마지막 휴가에서 복귀했다. 허허벌판이었던 논은 어느새 추수를 앞두고 있었다. 마지막 한 달. 이제 할 것도 별로 없었고 한 달을 알차게 보낼 준비도 되어 있었다. 큰 자신감과 설렘이 나를 채웠다.

때로는 선의의
경쟁자도 필요하다

많은 일들이 있었고 많은 시간이 흘렀다. 어제 마지막 휴가를 다녀왔다. 한 달... 솔직히 믿겨지지가 않는다. 그리고 이 한 달을 어떻게 보내느냐에 따라 결과는 천차만별이 될 것이다. 지금까지 나의 240일이 이 30일에 의해 평가된다고 생각하니 조금 억울하기도 하다. 그러나 그게 현실이다. 어쩌겠나. 다행스러운 건 아직 나의 체력은 충분하다는 것이다. 다만 오늘... 왠지 모를 두통이 찾아왔다. 약을 먹고 꽤 한참 잤는데도 아직 가시지 않았다. 역시 건강을 강조하던 모든 사람들, 그 말을 복귀 첫날부터 실감한다. 조심해야겠다.

(중략)

> 지금까지 나는 기대 이상의 만족스러운 모습을 보였다. 절대 마지막에 무너질 수도 없고 그럴 이유도 없다. 마지막에 흐트러져 나보다 못하던 애들에게 역전을 허용한다면, 정말 내 스스로가 견디기 힘들 것이다. 그런 연유로, 나 김현수는 남은 한 달, 다시 한 번 그 누구보다도 열심히 할 것이다. 누구에게 내놔도 부끄럽지 않은, 그런 한 달을 만들어 갈 것이다. 머리가 조금 아파도 참고 하자. 이제 진짜 물러설 곳이 없다.
>
> — 일기 중에서

지난 8개월 동안 건강에 큰 이상이 없던 나에게 갑자기 두통이 찾아왔다. 공부를 하기 힘들 정도의 두통이라 약도 먹고 양호실에서 낮잠을 자기도 했지만 크게 나아지지 않았다.

완쾌할 때까지 충분한 휴식을 취하라는 주변 사람들의 조언도 있었지만, 수능을 한 달 앞둔 수험생 중 누가 그럴 수 있을까. 일기에 적었듯이 나에게 가장 중요한 한 달이다. 약을 먹고 참아가며 공부를 지속했다. 꾸준히 하던 공부를 아예 안 할 수는 없었다.

그러나 결국 독이 됐다. 두통을 넘어 열까지 나기 시작했다. 급한 대로 밤에 야간 진료하는 병원을 찾아서 진료를 받았다. 그러나 도무지 맘을 내려놓고 편히 쉴 수가 없었다. 아니 쉬어지지 않았다. 너무 불안했다. 이렇게 마지막 한 달을 망치면 믿겨지지 않을 정도로 열심히 했던 지난 8개월을 아무도 알아주지 않는다는 생각이, 날 불안하게 만들었다. 그리고 그 불안함이 내 몸살 증상을 지속시켰다. 그나마 다행이라고 생각했던 것은 수능 직전에 아픈 것이 아니라 약 3주 정도 남은 시점에 아팠다는 것이었다.

그렇게 너무나도 중요한 며칠을 공부를 하는 둥 마는 둥 보냈다. 지금에 와서 당시의 플래너를 살펴보니 나름 아픈 와중에도 평균 이상의 공부를 했다. 하지만 평소 하던 양에 비해 너무 적은 양을 공부하게 되니 불안감이 커졌다. 그렇게 회복한 이후에 다소 조급하게 공부를 시작했다.

수능이 3주 정도 남은 시점에 무얼 공부해야 할까. 새로운 책을 사서 풀어볼까? 완전 비효율적이고 우둔한 짓이다. 결국 딱 하나, 8개월 치에 대한 복습이다. 8개월간 공부하며 수없이 부족한 부분들을 찾았고 보완해왔다.

하지만 인간은 망각의 동물이기에 행여 보완하고도 잊었을 만한 부분들을 다시 한 번 확인하고, 지겹도록 봐온 문제들이지만 다시 한 번 풀어보며 수능 당일에 대한 계획을 확실히 세우고 연습하는 것뿐이었다.

결국은 그동안 공부한 걸 계속 복습하는 것이었다. 아직 부족하다고 생각되는 부분들은 선생님께 부탁해서 해당 부분의 문제만 모아

잔뜩 풀어 보기도 했지만 대부분은 같은 내용들이었다. 매일 6월, 9월 평가원 모의고사를 풀어보고 틀렸던 문제를 확인하며 개념을 다시 한 번 정리했다. 지루한 나날이었다.

실력이 부족할 때는 오히려 새로운 걸 배우고 모르는 걸 알아가며 실력이 늘고 점수가 올라가는 재미가 있었다. 그런데 수능이 임박하고 실력이 어느 정도 궤도에 오르자 재미가 없었다. 8개월 동안 푼 책과 프린트가 택배 상자로만 3~4개가 나올 정도 양이었는데, 거기에 있는 모든 문제 중 풀지 못하는 문제는 없었다.

많이 본 문제는 보자마자 답도 말할 수 있었다. 거기에다가 가장 중요한, 지난 5년 치의 6월, 9월 모의고사와 수능 기출문제를 매일 같이 반복해서 풀고 있었는데, 이 모든 문제는 답뿐만 아니라 문제를 보자마자 풀이가 머릿속에 먼저 떠오를 정도로 철저하게 분석했다.

그러나 할 수 있는 게 없었다. 그저 틀렸던 문제를 다시 풀고 약했던 부분을 확인하며 지난 5년간의 기출문제를 푸는 것 뿐이었다. 지금 생각하면 완벽하지 못했고 거만한 생각이었지만, 모르는 것도 없다는 생각에 차라리 당장 수능을 봤으면 좋겠다는 생각이 들 정도였다.

여느 때처럼 아침을 먹고 계획을 짜고 공부를 하기 위해 앉았다. 딱히 계획이랄 것도 없었다. 어제와 크게 다를 바 없는 하루의 시작이었다. 중요하기에 또 볼 수밖에 없는 평가원 기출 문제를 꺼내서 풀려고 하는데, 갑자기 속이 메스꺼웠다. 구토를 할 것 같아 화장실로 달려갔지만 헛구역질 밖에 나오지 않았다. 처음 경험하는 일이었다. 지겹다 못해 펼치기만 해도 구역질을 하는 수준이 된 것이다.

큰일 났다는 생각이 들었다. 가뜩이나 컨디션이 좋지 않아 하루 공부량이 줄어든 상태인데, 그동안 줄곧 열심히, 그리고 재미있게 해오던 공부가 이제는 역겹게 느껴졌다. 당장이라도 수능을 보면 좋겠다는 생각이 들 정도로 준비를 하긴 했지만 그렇다고 남은 기간 준비할 게 전혀 없지는 않았다.

수능 당일 쉬는 시간에 볼 자료들도 만들어야 하고, 약하다고 생각되는 부분은 찜찜하지 않도록 확실하게 공부해둬야 했다. 하지만 수능을 얼마 남기지 않고 남들이 더욱 열심히 달리는 시기에 오히려 나는 뒤쳐지는 듯한 압박감이 컸다.

처음으로 슬럼프 비슷한 것이 왔던 것 같다. 물론 흔히들 말하는 '공부에 의욕이 없고 해도 실력도 안 늘어 정신적인 이유, 체력적인 이유로 공부가 손에 잡히지 않는 것'을 의미하는 슬럼프와는 조금 달랐지만 어쨌거나 이전에 비하면 공부가 안되는 게 사실이었다. 도무지 혼자서는 이겨낼 수 없을 것 같다는 생각이 들었다.

그래서 유일하게 수학 문제를 질문해가며 열심히 하던 반 친구에게 수능을 3주 남기고 한 가지 제안을 했다. 바로 함께 매일 공부하는 시간을 재고, 하루 일과가 끝났을 때 비교하는 방식으로 경쟁을 하자는 것이었다. 그동안 가상의 경쟁자를 설정하고 계획을 짜서 스스로를 채찍질해왔던 나였지만, 실력도 어느 정도 궤도에 오르고 매일 비슷한 내용의 공부를 하다 보니 오히려 더 힘들어졌다고 판단했다.

마라톤 선수들은 결승선에 거의 다 왔을 때 극한의 고통을 느낀다고 한다. 나도 수능이 가시권에 들어오자 더 힘들었다. 그래서 더 이상 가상의 경쟁자가 아닌 진짜 경쟁자를 두고 '공부 시간'을 측정하여 강제성을 부여하고자 했던 것이다.

결론부터 말하자면 나는 그 친구 덕분에 마지막까지 달려갈 수 있었다. 앞에서도 평일 나의 공부 시간과 주말의 공부 시간을 언급한 적이 있는데, 이는 대개 이 시기에 시간을 잰 것을 토대한 것이다. 물론 이전에도 나의 공부 시간이 궁금해서 한 번씩 재본 적은 있었지만, 이렇게 매일매일 체계적으로 잰 것은 처음이었다.

거기다 매일 친구와 경쟁을 하다보니 긴장감이 생기고 아무리 힘들어도 참고하게 되었다. 8개월 동안은 어떤 난관이 와도 스스로 마음을 강하게 먹으며 이겨냈다면, 친구와 선의의 경쟁을 통해 내게 찾아온 마지막 고비를 넘길 수 있었다.

경쟁의 결과는? 솔직히 나는 그 친구에게 거의 다 졌다. 아침 기상

알람이 울리자마자 일어나서 씻고 옷을 입고 식당으로 뛰어가서 아침을 먹고 올라가면, 이미 그 친구는 공부를 하고 있었다. 노하우를 물어보니 머리를 전날 밤에 감고, 때로는 아침까지 거르고 간단한 간식으로 대체한다고 하길래 아침에 그 친구보다 빨리 오는 건 포기했다.

아침에 머리를 감고 아침을 항상 먹는 루틴을 바꿀 수는 없었다. 그 친구도 나도, 쉬는 시간과 자습 시간은 물론이고 수업 시간 중간에 선생님이 잡담하시는 시간까지 전부 활용했기 때문에, 하루 일과가 끝나고 공부 시간을 비교해보면 항상 아침의 그 10~20분만큼 차이가 나곤 했다. 그래서 서로의 경쟁으로 수능을 앞둔 마지막 3주를 나도, 그 친구도, 다시 한 번 힘내서 남은 마지막 힘까지 짜낼 수 있었다.

'그날'을
준비하다

수능이 약 2주 정도 남은 시점에 할 수 있는 건 많지 않다. 새로운 지식을 익힌다고 수능 문제를 풀 수 있는 것도 아니고(수능 2주 전에 새로 익힐 지식이 있다면 그것도 그것대로 문제다.), 어지간한 문제집도 거의 다 푼 상태였기 때문에 내가 할 수 있는 건 딱 한 가지뿐이었다. 바로 수능 당일을 준비하는 것이었다.

지금까지의 공부는 수능 하루 중 수능 '시험' 문제를 푸는 것에 초점을 맞춘 것이라면 이제부터는 그 이외의 시간, 이를테면 시험 시작 전 아침 시간, 각 과목 사이의 쉬는 시간, 점심 시간 등을 준비해야 했다. 물론 이렇게까지 철저하게 준비하지 않고도 좋은 점수를 맞는 학생들이 많기에 너무 과한 것이 아니냐고 물어보는 학생들도 많다.

그러나 나는 정말로 실패하고 싶지 않았다. 무조건 수능날 만점에 가까운, 좋은 점수를 받아내고 싶었다. 그러기 위해서는 철저해야만 했다. 일말의 변수도 나의 수능 점수에 개입하게 만들고 싶지 않았다. 각 과목 사이사이에 주어지는 작은 시간도 완벽하게 활용해 수능에서 최선의 결과를 내고 싶었다. 그런 간절함이 있었기에 남들이 보기에는 과해보이는 부분까지 준비한 것일지도 모른다.

일단 과목별로 수능 당일에 중간 중간 어떤 것을 공부하는 게 가장 효율적이고 도움이 될 것인지를 생각해보았다. 어떤 과목이든 시험을 치르기 전 준비 운동(?)을 할 수 있는 자료와 이해를 요구하는 부분보다는 암기를 요구하는 범위의 자료가 시험 직전 보기에 좋겠다는 생각을 했다.

국어는 수능 당일에 학생들이 가장 어렵다고 체감하는(그리고 실제로 오답률도 가장 높은) 부분이 바로 비문학이다. 비문학 지문들은 대체로 많은 정보량을 담고 있고, 그 중에도 경제, 과학, 기술과 같이 낯선 단어와 원리들을 설명하는 부분은 아무래도 첫 교시라 유독 긴장한 수험생들이 읽기가 쉽지 않다.

아침에 수험장에 가자마자 비문학 지문을 접하면 글이 잘 읽히지 않을 것 같아서 평가원 기출 지문 중 정보량이 많고 어려운 지문들을 선정해서 따로 모아 두었다. 시험을 치르기 전 해당 지문들을 읽어보며 '읽기 좋은 상태'를 만들어 놓을 생각이었다.

그리고 국어에서 유일하다시피한 암기로 해결해낼 수 있는 문법 부분도 준비해두었다. 단순히 따로 종이를 모아둔 것이 아니라 개념서에서 어렵다고 생각한 부분들을 노트에 정리했다. 문법 개념, 예문들 그리고 문제에 어떻게 출제되었을 때 헷갈릴 수 있는지 등을 상세하게 적어놓았다. 오직 나만을 위한 맞춤형 자료였다.

수학은 당일에 할 수 있는 게 거의 없기 때문에 더더욱 간단했다. 평소에 만들어둔 수첩이 하나 있었는데 그 수첩에는 어려워하는 공식과 증명 그리고 그것이 어떻게 문제에 활용되는지 등을 간략히 적어놓았다. 교과서에 있는 공식 이외에도 문제를 풀며 유용하다고 느껴지는 기술들도 적어놓았다. 당연히 수도 없이 여러 번 읽은 수첩이기에 모르는 내용은 없었지만 그래도 시험 전에 가볍게 읽는 것만으로도 어느 정도 마음의 안정을 찾을 수 있는 자료라는 가치가 있었다.

영어도 국어와 비슷하게 준비했다. 갑자기 어려운 영어 지문을 맞닥뜨리면 잘 안 읽힐 수 있다. 그래서 문장 구조가 복잡하고 문법이 어려운 지문들을 몇 가지 선정해 따로 모아 두었다. 다만 영어는 문법 문제가 다섯 문제나 나오는 국어와는 달리 두 문제 정도 밖에 나오지 않고, 나오는 내용도 어느 정도 정해져 있었기 때문에 그동안 공부한 정도로 충분하다고 판단하여 따로 문법을 정리하지는 않았다.

과학탐구의 경우 꽤 공을 들여 자료를 준비했는데 다른 과목에 비해 암기의 비중이 크기 때문이었다. 다른 과목은 시험에 편한 상태로 임할 수 있도록 최종 점검하는 자료들을 준비했다면, 과학탐구의 경우에는 범위가 정확히 정해져 있는 시험이기에 운이 좋다면 내가 시험 직전에 본 내용이 시험에 그대로 반영될 수 있어서 한 문제를 더 맞히기 위한 자료를 만들자는 생각으로 자료를 제작했다.

우선 마지막 휴가를 이용해 과외를 받으며 해결했던 많은 내용들 중에서 여전히 어렵게 느껴지는 부분들이 있었다. 그런 부분이 나올 때마다 단순히 풀이를 확인하고 넘어가는 것이 아니라 두꺼운 개념서를 빼들었다.

단순히 헷갈리는 지엽적인 부분뿐만 아니라 해당 파트를 전체적으로 읽어본 뒤 노트에 나만의 방식으로 해당 개념을 정리했다. 개념 이외에도 문제에 어떤 식으로 출제될 때 어려움을 느끼는지, 그럴 때 문제에 어떤 식으로 접근하는 게 좋은지까지 모두 적어두었다. 시기적으로 어렵게 느끼는 부분이 그렇게 많지 않았기 때문에 화학과 생물 각각 몇 페이지 안 되는 분량이었지만 나에게만큼은 최고의 알짜배기 노트였다.

최종적으로 모든 과목에 대해서 최소한 그 해의 6월, 9월 모의고사와 전년도 수능 문제는 가져가야 한다고 생각했다. 평가원에서 출제한 문제들을 통해 전반적인 유형과 경향을 가볍게 훑고 시험에 임하면 훨씬 좋을 것 같았다. 나만의 문제풀이 과정을 담아서 시험장에 가져가고 싶었다.

그리고 내가 과연 지긋지긋하다고 느끼는 만큼 완벽하게 준비가 되어 있는지도 궁금했다. 그래서 마지막으로, 시간을 재고 평가원 문제를 풀기 시작했다. 단, 이번에는 샤프펜슬이 아닌 볼펜을 들고 풀이를 시작했다. 질릴 정도로 완벽하게 준비가 되어있다면 볼펜으로 문제를 풀어도 한 치의 오차나 실수 없이 문제를 풀어갈 수 있어야 했다.

물론 모든 문제는 읽기도 전에 답이 보일 정도로 너무나도 익숙했다. 익숙하다 못해 능숙했다. 그러나 처음이라고 생각하고, 자세한 해설지를 하나 만든다는 생각으로 문제 하나하나에 대한 나의 풀이 과정을 적어 나갔다. 그동안 지겹게 풀어온 만큼 같은 문제에 대해서도 여러 가지 풀이를 내 놓을 수가 있었다.

그러나 이건 수능 당일에 볼 나만의 문제 풀이집이다. 여러 가지 풀이가 아니라 가장 좋다고 생각되는 수능날 적용할 수 있는 최선의 풀이만을 기록했다. 이전까지는 다양한 방식을 배우며 사고력을 넓히고 응용력을 길러오는 단계였다면, 이제는 선택과 집중을 통해 실전에 쓸 수 있는 것들만 가져가야 했다.

많은 학생들이 잘못하는 행동 중 하나가 수능날 최대한 많은 도구를 가져가려고 하는 것이다. 가능한 한 모든 방법을 다 익히려고 한다.

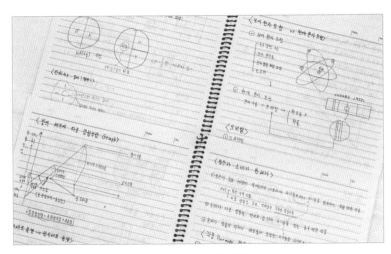

수능 당일 보기 위해 만들어 둔 과탐 정리 노트

물론 그런 과정도 필요하다. 하지만 그런 과정을 통해 수능 문제에 적용될 수 있는 가장 간단하고도 깔끔한 그리고 야매(?)가 아닌 교육과정에 의거한 올바른 방법만 가져가야 한다. 최소한의 도구만 들고 수험장에 들어가야 문제를 풀어가는 데 있어서 혼란이 오지 않는다.

사공이 많으면 헤매게 되고 결국 배가 산으로 간다. 그래서 가장 최종으로 선택한 방법이 지난 1년간 익히고 연습한 수많은 방법들 중에 내게 가장 익숙하고 가장 논란의 여지가 없는, 수능에 맞는 방법을 선택해서 출력한 문제 위에 적어두었다.

그렇게 모든 과목에 대한 6월, 9월 모의고사, 그리고 전년도 수능에 대한 나만의 풀이집이 완성되었다. 남들이 보기에는 그냥 단순히 문제를 푸는 과정을 적어놓은 종이 쪼가리에 지나지 않겠지만 내게는 9개월 간 처절하게 갈고 닦은 모든 경험이 녹아 들어있는 최종 요약본 이었다.

수능 당일에 볼 자료까지 준비를 하고 나니, 수능이 어느새 2일 앞 으로 다가왔다. 여기까지 오니, 나도 모르게 지난 날들을 돌아보게 만 들었다.

앞서 이야기했지만 목표는 두 가지였다. 하나는 과정에 대한 목표, 다른 하나는 결과에 대한 목표. 수능만점 그리고 의대 진학이라는 결 과에 대해서는 아직 평가하기에 시기상조였지만, '후회 없는 수험 생 활'이라는 목표에 대해서는 어느 정도 평가해볼 수가 있었다.

긴 시간이었다. 때로는 최고의 능력을 발휘해서 공부했고, 다양한 요인들로 힘들었던 시기도 있었다. 그러나 한 가지 자신 있게 말할 수 있는 것은, 그 어떤 어려움이 닥쳐도 단 한 번도 중간에 좌절하거나 포기하지 않았고, 늘 더 나은 방향으로, 나에게 좋은 방향으로 상황을 이끌어가기 위해 최선을 다했다.

그리고 모두 이겨냈다. 그랬기에 긴 수험생활이었지만 단 한 순간 도 아쉽거나 후회하지 않았다. 다 담아내지 못할 정도로 많은 어려움 들이 매일 있었지만, 그 어려움을 이겨내는 과정에서 성장했고 배운 것을 바탕으로 보다 더 나은 내일을 만들어갔다.

실수를 줄이기 위한 노력과 차분한 준비가 필요하다

　수능이 하루 앞으로 다가왔다. 수험표를 나눠주고 수험장, 수능 시험에 대한 안내사항 등을 설명하느라 학원 분위기는 다소 산만했다. 수능 전날이고, 열심히 공부를 했든 안했던 간에 어쨌거나 모두가 20살 청춘에, 남들은 즐겁게 대학 새내기 생활을 하고 있을 때 기숙학원이라는 곳에 갇혀서 1년 동안 고생했으니, 다소 산만하고 떨리는 것은 당연한 것일지도 모른다.

　나는 차분함을 유지하는 것이 중요하다고 생각했다. 메이저리그 명예의 전당에 헌액된 뉴욕 양키스의 포수, 요기 베라 선수의 '끝날 때까지 끝난 게 아니다.'라는 너무나도 유명한 명언이 있다. 사실 긴장감은 거의 느끼지 못했다. 워낙 열심히 했기 때문에 오히려 좋은 점수를 받을 수 있을 거라는 자신이 있었기에 설레기까지 했다. 그리고 이날처럼 잡념을 떨치기 힘든 날은 없었다. 부정적인 잡념은 아니었고, 좋은 점수를 맞고 이 지긋지긋한 기숙학원에서 퇴소할 나의 모습이 머릿속에 그려졌다. 하루종일 마음을 차분하게 하는 데에 신경 썼다.

시험 전날, 공부할 수 있는 것이 많지 않다. 이날까지 해결되지 않은 약점이라면 수능에서도 틀릴 확률이 매우 높다. 수능 문제는 결코 하루 공부한다고 더 올라가거나 맞는 수준은 아니다. 오직 160문제(당시에는 한국사 과목이 없어서 국어, 수학, 영어, 과학탐구 두 과목까지 총 160문제였다.)로 60만 명의 학생들이 변별되는 시험인데, 한 문제 한 문제가 만만할 리가 없다. 그렇다고 시험 전날 아무 것도 하지 않고 쉬는 것은 바람직하지 못하다.

시험 전날 특정 부분의 실력을 쌓을 수는 없지만 실수를 줄이기 위한 노력은 해볼 수 있다는 생각을 했다. 그래서 다시 한 번 다음날의 동선을 시뮬레이션하고 정확하게 검토했다. 급작스럽게 정한 것이 아니라 이전의 수많은 모의고사를 통해 하나씩 실험하고 연습한 것들이었다. 그렇게 정해진 나만의 맞춤형 루틴을 검토했다.
그래서 시험 시간 이외에는 모두 귀마개를 끼고 있기로 했다. 참

미련하고 쓸데없는 짓이지만 이상하게도 시험을 치르고 나면 쉬는 시간마다 친구를 만나 서로 답을 맞춰보거나 시험 난이도에 대한 얘기를 큰 소리로 나누는 학생들이 있다. 아무리 준비가 잘 되었다고 해도 어렵다고 느낀 과목에 대해서 옆에서 쉽다고 한다면 심적으로 흔들릴 수가 있다. 다음 과목을 풀 때 이전 과목에 미련이 남아 방해를 받아서는 안 된다.

귀마개를 챙기고 아침에 시험장에 도착한 이후를 시뮬레이션 했다. 일단은 고사실 위치를 확인한 후 짐을 놓고 화장실에 들러 화장실의 위치를 확인한다. 매 과목 시험이 끝난 직후 학생들이 몰리기 전에 우선 화장실부터 들를 생각이었기 때문에 화장실의 위치를 알아두어야 했다.

그리고 교실로 돌아와 창문을 잠깐 연다. 이는 수능을 봤던 작년의 경험에서 기인한 행동이었는데, 수능날은 보통 쌀쌀하기 때문에 히터를 꽤 강하게 트는 편이다. 그것 때문에 공기가 심하게 건조해지는 경우가 많다. 따라서 창가 자리가 아니라면 미리 창문을 열어서 환기를 해두는 것이 좋다.

그 이후는 쉬웠다. 이미 매 시험 전과 후에 볼 자료는 전부 준비가 되어 있었다. 다만 남들과 다른 것이 하나 있는데, 바로 '운동장 산책'이었다. 많은 학생들이 잘 모르는데, 수험생들은 해당 학교의 운동장까지 나가는 것이 허용된다. 일부 흡연하는 학생들을 제외하고는 운동장까지 잘 나오지 않기 때문에 보통 수능날 운동장에는 아무도 나오지 않는다.

나는 매 시험이 끝날 때마다 귀마개를 끼고 다음 과목에 대한 자료를 들고 화장실을 들른 후 운동장으로 나가서 11월의 차가운, 아무도 없는 운동장을 딱 두 바퀴 돌 계획이었다. 집중해서 한 과목을 마치고 나면, 보통 엄청나게 집중했기 때문에 온 몸에서 열이 난다.

그래서 운동장을 돌며 몸과 머리를 좀 식히며 지난 시험에 대해서 말끔하게 잊어버리는 시간을 가진다. 어려웠다면 어려운대로, 쉬웠다면 쉬운 대로 계속 긍정적인 생각을 하고 마지막까지 고민했던 문제가 있더라도 절대 그런 미련이 다음 과목 시험에까지 영향을 미치지 않도록 최선을 다해서 '지워낸다'.

찬 공기를 마시며 운동장을 돌며 준비한 다음 과목에 대한 자료를 읽고, 마음을 차분하게 가라앉히며 다음 과목 시험을 볼 채비를 한다. 그렇게 운동장을 돌고 학생들이 바글바글하게 줄 서있는 화장실을 지나 내 고사실로 돌아와 자리에 앉아서 찬찬히 준비한 자료들을 훑어보며 최종적으로 시험을 준비한다.

물론 이 모든 일은 귀마개를 낀 채로 이뤄지기 때문에 밖에서 돌아다니는 동안 특별히 변수가 일어날 리는 없었다. 그렇게 수학 과목을 마치고 나면, 점심은 당연히 선정해둔 간식이다. 이후에도 똑같이 반복해 영어, 과학탐구까지 시험을 무사히 치른다.

모든 것이 완벽하게 준비되어 있었다. 심지어 각 과목별로도 '몇 번 문제를 풀 때 시계를 확인하고, 그 때 몇 분 안에 들어와 있어야 한다.'와 같은 세세한 루틴까지 모두 정해져 있었다. 이렇게까지 철저하게 계획했기 때문에 변수가 생기기가 어려웠다. 그야말로 그동안 갈고 닦아온 나의 실력을 그대로 시험지에 풀어낼 수 있는 환경을 조성할 수 있도록 준비해두었다.

수능 전날에는 다음 날에 대한 준비 말고는 별로 할 수 있는 게 없었다. 수능에 대한 여러 가지 안내도 받고 다음날 입을 옷을 준비하며 자료들을 검토한다. 점심으로 먹을 간식도 준비하는 등 이래저래 할 것이 많았다.

실제로도 수능 전 270일 중 269일을 단 하루도 빠짐없이 계획을 짜고 그 계획에 따라 움직였던 나지만, 이날만큼은 아무 계획도 적지 않았다. 그저 이런 말 한마디만 적어놓았을 뿐이다.

> 그냥 차분히 준비하다 가 임마. 뭔 계획이여. 그리고... 그간 정말 수고
> 많았다. 시험 잘 치고 와라.

기숙학원 안에서 외부와 단절되어 그 누구의 응원도 받을 수 없는 환경에서, 그동안 나의 노력이 어떠했는지 알기에 스스로에게 해줄 수 있는 응원이었다.

수능 이후
의대 합격까지

수능을 본 이후 성적표가 나오기까지는 20일 정도가 걸린다. 수능을 만족스럽게 본 학생들은 그 20일 동안 어떤 심정으로 살아갈까. 아마도 어떤 대학에 지원할지, 수시 면접이나 논술 시험을 보러 갈지 말지 고민하며 행복한 시간을 보낼 것이다.

그런데 나는 그러지 못했다. 일단 나는 가채점을 하지 않았기 때문에 수능 당일에는 문제에 더 집중하고 사소한 실수를 잡아낼 수 있었지만 그만큼 내 확실한 점수를 알 수가 없었다. 거기에다가 시험을 굉장히 잘 봤다는 나의 '느낌'에 대한 신뢰가 점점 무너져갔다. 그 해의 수능이 굉장히 쉬웠다는 뉴스 때문이었다.

쉬운 시험일수록, 최상위권은 손해를 본다. 중위권이나 중상위권 학생들은 어느 정도 맞출 수 있는 문제들의 개수가 늘어나기 때문에 점수가 오르는 경향을 보이지만, 최상위권 학생들 사이에서는 점수의 격차가 줄어들고, 실수 하나하나가 다른 학생들보다 훨씬 치명적인 차이를 만들어낸다.

100문제 틀린 학생과 101문제 틀린 학생은 비슷한 입결의 대학에 진학하게 되지만 4개 틀린 학생과 5개 틀린 학생은 전혀 다른 대학을 가게 될 정도로 큰 차이이다. 물론 준비한 루틴대로 철저하게 검토했지만, 그럼에도 불구하고 '실수를 하지는 않았을까?'라는 불안감이 계속 피어올랐다.

단순한 불안감이야 개인적인 것이니 그렇다 치더라도 당장 걱정이 되었던 것은 논술 시험이었다. 어차피 수시에서는 가망이 없다는 것을 알았기에 수시에 별로 신경을 쓰지 않고 부모님께 적당한 의대와 공대 하나씩만 찾아서 써달라고 했었는데 문제는 공대였다.

이과의 경우 서울대학교는 과학2 과목을 응시해야 볼 수 있었는데, 화학1, 생물1을 선택한 나는 아예 지원할 자격이 안 되었고, 연세대학교는 논술 시험을 수능 전에 보기 때문에 수능에 집중하던 나에게는 적합하지 않았다. 부모님께서는 수능 이후에 논술 시험을 치르는 고려대학교 기계공학과에 접수를 했었다.

수능을 잘 본 것은 알았지만 자세한 점수를 모르다 보니 최상위권 공대 수준의 점수를 맞았는지 아니면 의대에 진학할 수준의 점수를 받았는지 정확히 알 수가 없었다.

학과보다는 학교의 이름에 따라 선호도가 이어지는 문과와는 다르게 이과에서는 학생들의 선호도가 의대―치대―최상위권 공대 순위로 이어진다. 그래서 내 점수가 정확히 어디에 위치해 있는지에 따라서 대학뿐만 아니라 진로가 완전히 달라진다.

만약 내가 의대에 진학할 수준의 점수를 받았다면 군이 고려대학교에 논술 시험을 보러 갈 필요가 없지만 낮은 성적이라면 낮은 합격 가능성이라도 고려대학교 기계공학과 논술 시험을 보러 가야 했다. 가지 않는다면 정시에서 아예 기회가 오지 않을 수도 있으니 말이다.

고민 끝에 결국 그동안의 누적된 노력과 그 노력에 의한 감을 믿기로 했다. 물론 수능이 쉬웠다 보니 예상치 못한 실수가 나올 경우 큰 차이가 발생할 수 있고, 감이 100프로 맞다 할 수도 없었지만 그래도 마지막으로 나를 다시 한 번 믿고 논술 시험을 보러 가지 않기로 했다.

작년 같았으면 상상도 못할 일이었다. 고려대학교 논술 시험을 '감히' 가지 않다니. 고등학교 3학년 때는 주제를 모르고 고려대학교에 지원했다가 당연히 탈락했지만 올해는 내 발로 논술을 가지 않는, 과감한 결정을 내릴 정도로 변한 위상이 신기했다.

물론 수능 성적이 나온 이후에 과연 그것이 옳은 결정이었는지 판단할 수 있겠지만 그래도 이런 고민을 할 정도의 성과를 이끌어낸 스스로에게 박수를 쳐주고 싶었다.

　성적 발표날이 다가왔다. 얼마나 시간이 지났을까? 이메일이 도착했다. 발신인은 한국교육과정평가원. 제목은 '김현수님 2015학년도 대학수학능력시험 성적통지표입니다.' 심장이 철렁했다. 몸이 떨렸다.

　뒤에서 1시간 째 기다리고 계시던 부모님도 벌떡 일어나셨다. 차마 이 결과를 부모님과 함께 보기가 두려웠다. 부모님께 잠깐 옆방에 가서 기다려달라고 했다. 일단 혼자 확인하고 싶었다.

　떨리는 손으로, 이메일을 클릭하고, 첨부파일을 클릭했다. 간단한 보안절차가 끝난 뒤, 성적표가 화면에 나타났다. 숨이 턱 막혔다. 수험생들이라면 알겠지만, 평가원에서 나오는 성적표에는 원점수가 써 있지 않다. 오직 시험의 난이도에 따른 나의 점수를 알려주는 표준점수, 응시생 전원 중 나의 상대적인 위치를 알려주는 백분위, 그리고 백분위에 따른 등급, 이렇게 3가지 항목만 적혀있다.

　알고 있었음에도 화면에 숫자들이 뜨자 나의 원점수나 틀린 개수를 정확하게 알 수 없어 머리가 새하얘졌다. 전날 평가원에서 발표한 표준 점수와 모든 과목 점수를 하나씩 확인해봤다.

　훌륭했다. 너무 훌륭했다. 비록 늘 목표하던 만점은 아니었지만, 더할 나위 없었다. 틀린 문제 수는 손에 꼽을 수 있었다. 수능 성적표를 모니터에 띄워놓은 채로 부모님과 나는 얼싸안고 빙글빙글 돌았다. 너무 기뻤다. 쾌감이 엄청났다. 그제서야 모든 노력에 대한 것을 보상 받는 기분이었고 엄청난 성취감을 느꼈다.

드디어 내가 해냈다는 기분이 단순히 느낌이 아니라 현실로 느껴졌다. 상상도 못했던 단 한 번도 받아보지 못했던 좋은 점수였다. 의대에 충분히 진학할 수 있는 수준의 점수라고 확신할 수 있을 정도로 훌륭했다.

하루 종일 웃음이 나왔다. 대학 합격 예측 프로그램에 점수를 넣어보니 꿈으로만 꿔오던 상상도 못했던 대학교 명단들이 지원 가능 대학으로 떴다. 남들이 불가능하다고 하던 명문대들이 내 점수에 비해 낮은, 하향 지원 대학으로 나타났다.

이젠 진짜로, 내가 선택할 수 있는 순간이 왔다. 대학이 나를 선택하는 것이 아니라 내가 대학을 선택할 수 있었다. 이것이 정시의 매력이었다. 불확실성과 확률을 가지고 지원하는 수시에 비해 점수가 나온 이후 지원하는 정시의 경우에는 합격할 수 있는 대학을 어느 정도 예상할 수가 있다.

점수가 낮게 나온 경우에는 끔찍하겠지만, 점수가 좋다면 정시 지원은 그야말로 행복한 고민의 연속이었다. 어딜 지원할지, 의대에 진학할지 공대에 진학할지, 진로에 대한 고민도 얼마든지 할 수 있었다. 하루에도 생각이 몇 번씩 바뀌고 한순간도 빠짐없이 생각할 정도로 행복한 고민이었다.

　수능을 다 맞지 못해서 아쉽지 않냐고 물어보는 사람들이 많은데 당연하다. 수험생 중 만점을 맞은 학생을 제외하고는 아마 모든 학생들이 아쉬움을 갖고 있을 것이다. 심지어는 한 문제만을 틀린 학생은 수능 만점자가 될 기회를 놓쳤으니 그 한 문제는 정말 평생의 한이 될 것이다. 얼마나 아쉬울 지 감히 가늠할 수 없을 정도이다.

　좋은 점수를 받았지만 아쉬움은 있다. 몇 문제 틀리지 않았지만 두 문제 정도가 실수였다는 것을 나중에 알고나서 더욱 아쉬웠다. 그동안 실수를 없애고 수능날 변수가 없도록 철저하게 준비했음에도 수능날 실수가 나올 정도로 수능이라는 시험의 압박감은 결코 만만하지 않은 것이었다.

　그나마 120%를 준비하고자 하는 마음가짐으로 준비했기 때문에 일부 변수가 있었어도 어느 정도 만족할 만한 성적이 나왔지만 결코 쉬운 시험이 아니다.

　추가로 덧붙이자면, 나는 결코 두 문제의 실수 때문에 내 실력만큼 점수를 받지 못했다고 생각하지 않는다. 나보다 두 문제를 더 맞은 사람들은 그 두 문제의 실수를 하지 않기 위해 훨씬 더 많은 노력을 했을 것이고, 심지어는 실수를 했음에도 나보다 두 문제를 더 맞은 것일 수도 있다.

나는 그들의 노력을 존중한다. 결코 두 문제가 실수로 인한 것이라고 나의 실력에서 실수를 배제하고 나보다 두 문제를 더 맞은 이들과 나의 실력이 동급이라고 간주하거나 남들에게 내 점수를 말할 때 이 실수를 강조하지 않는다. 실수도 실력이다.

실수를 최소화하기 위해 엄청난 노력을 했지만 사람이기 때문에 실수를 했다. 실수했던 그 문제는 아직까지도 기억하고 있다. 그러나 그것이 주어진 기간 동안 내가 할 수 있는 최선의 노력에 대한 결과였고, 그것이 곧 나의 실력이었다고 인정한다.

수능을 못 봐서 재수나 N수를 하게 되는 학생들에게 해주고 싶은 말이 있다. 많은 학생들이 '수능을 망했다.'라는 말을 한다. 아무도 알아주지 않는 핑계이다. 실수를 해서 망했다고 하는 것인지, 본인의 평소 점수보다 낮은 점수가 나와서 망했다고 하는 것인지는 잘 모르겠으나 어쨌거나 모두에게 같은 시간이 주어졌고, 같은 문제를 같은 시간에 풀었다.

공정한 상황에서 모두가 같은 목표를 향해 달려갔다. 앞에서 여러 번 언급했지만, 결국은 결과가 과정을 대변해준다. 실수를 많이 했다면, 실수를 하지 않기 위한 연습이 부족했던 것이다. 자기 합리화하지 않고 본인의 위치를 겸허히 받아들이며 인정하고, 다음 단계로의 발전을 위해 노력하는 것이 단순히 수능 뿐 아니라 인생 전반에서 도움이 되는 마음가짐이다.

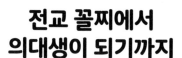

전교 꼴찌에서
의대생이 되기까지

지금 다니고 있는 의과대학은 정시에서도 면접을 봤다. 1차로 모집 정원의 3배수 합격자를 뽑고 이후 면접을 통해 최종 합격자를 선발하는 방식이었다. 긴장감 속에 1차 합격도 했고 면접도 봤다.

아무리 긴장되어도 수능 점수가 나오던 순간만큼은 아니었기에, 매 순간이 그렇게 극적이지는 않았다. 다만 최종 합격의 순간만큼은 어떻게 보면 수능 점수보다도 중요한, 삼수생과 의대생의 차이를 결정하는 순간이었기에 굉장히 긴장되었고 그만큼 극적이었다.

그 순간의 환희를 쓰고 싶어 몇 번이고 지우고 쓰고를 반복했지만 도무지 글로 표현할 수가 없는 순간이었다. 모두가 알다시피 합격이었다. 그것도 4등이라는 등수로 장학금도 받으며 기분 좋게 입학했다.

목표를 성취한 지금 많은 사람들이 왜 그렇게까지 의대를 가고 싶었냐고 의사가 되고 싶었냐고 물어본다. 솔직히 말하면 '의사'의 꿈보다는 '의대생'의 꿈을 가졌던 것 같다. 일단 의대에 진학해야 했고 점수를 올리기 위해 하루하루 작은 시간까지 쥐어짜서 처절하게 공부하기에도 시간이 부족했었다. 점수가 부족하면 그러한 고민은 모두 의미가 없었기에, 일단 좋은 점수를 맞는 것이 먼저였다. 진로 고민은 그 다음이었다.

정말 나의 꿈에 대해 진지하게 고민해보고, 나의 적성을 고려해보는 시간은 수능이 끝나고 정시 지원까지의 짧은 기간이었기에 '의사'에 대해 별로 생각해보지 못했던 것도 사실이다. 물론 진짜 의사가 되고 싶었으나 정작 의대에 들어온 이후 적성에 맞지 않아 힘들어하는 학생들도 있고, 의사의 꿈은 없었으나 의대에 들어온 이후 만족하는 학생도 많다.

의대뿐만 아니라 모든 진로에 적용되는 얘기이다. 누구나 직접 가서 배워보고 해보기 전까지는 사실 적성에 맞는지를 아무도 알 수 없다. 다들 대강 유추할 뿐이다. 가끔 어떤 학생들은 본인이 진짜 하고 싶은 일이 없어서 공부에 대한 의욕이 생기지 않는다고 하는데, 오히려 그런 학생일수록 공부에 매진해야 한다고 생각한다.

일단 좋은 점수를 받으면 나의 진로가 강제되지 않는다. 선택권이 생긴다. 나는 그렇게 선택권을 얻었고 의대를 선택했다. 그리고 아직까지 그 선택을 후회한 적은 단 한 번도 없다.

지금은 '의사'라는 또 하나의 꿈을 향해 달려가고 있지만 나는 내 20살 청춘을 바쳐 '의대생'이라는 작은 꿈을 이뤄냈다. 수능 점수라는 게 절대적으로 줄을 세우는 기준이 있는 것은 아니지만 당시 여러 가지 산출법에 의해 내 점수가 전국 수험생 중에 상위 0.5%, 대략 1000등 안쪽에 드는 수준이라는 결과가 나왔으니 결코 많은 학생들에게 허락된, 누구나 이룰 수 있는 꿈은 아니었을 것이다.

나보다 더 유리한 고지에서 2014년을 시작한 학생들 중 대다수가 이루지 못한 꿈을 이뤄낸 나의 노력이, 간절함이, 지금의 내가 봐도 존경스럽고 자랑스럽다. 그리고 그러한 나의 노력을 존중해주는 사람들에게 감사하다는 말을 하고 싶다.

반면 나의 기적적인 결과에 대해 의심 섞인 눈길을 보내는 분들도 많았다. 충분히 이해한다. 지금의 내가 생각해도 이해되지 않을 정도의 결과이기에. 그런 분들도 이 책으로 그러한 의구심이 해결되었다면 좋겠다는 생각이 든다.

4 부

효율적인
공부법은 따로 있다

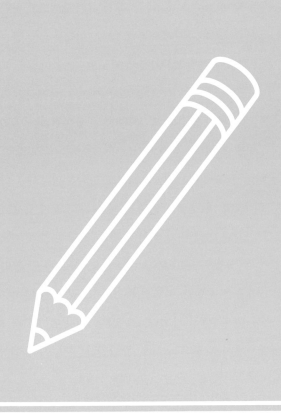

❖ 공부에 왕도는 없다

지금부터 할 이야기는 사람들이 흔히 '공부법'이라고 부르는 것들이다. 앞에서는 공부를 어떻게, 얼마나 열심히 해왔는지에 대해 얘기해왔다면, 여기부터는 좀 더 구체적으로 국어, 수학, 영어, 과학탐구 각 과목별로 어떻게 접근했고 공부를 했으며 어떻게 점수를 올렸는지까지 얘기해보려고 한다.

그러나 시작하기에 앞서, 여러분들께 한 가지 질문을 던지고 싶다. 과연 '공부법'이란 무엇인가? 따라만 하면 성적이 오르는 절대적인 비법? 남들보다 빠르게 비약적인 점수 향상을 이뤄낼 수 있는 공부의 왕도? 혹은 최상위권 학생들만이 가지고 있는 비밀 레시피?

그렇지 않다. 앞에서도 언급하였다시피 나도 처음 재수를 시작할 때 '공부법'이라는 것을 전혀 알지 못했다. 기억할지 모르겠지만 그때 내가 취한 방법은 '일단 무조건 해보는 것'이었다.

과목별로 EBS 교재 8권을 사서, 한 달 동안 무작정 풀어봤다. 물론 수업도 열심히 들었다. 그렇게 한 달이 지나자 모든 과목에 대해 '감'이 잡혔다. 그 '감'을 토대로 공부를 이어나갔고 그것이 쌓이고 쌓여 노하우가 되었다. 수능에서 최상위권의 점수를 받으며 검증된 '공부법'이라고 할 수 있게 되었다.

사실 별게 아니다. 많은 학생들이 공부의 본질을 생각하지 못하고 '공부법'이라는 화려하고도 실속 없는 표면적인 부분에 집착하느라 공부를 시작조차 못하는 걸 볼 때마다 안타깝다. 화려한 노트 필기법, 멋들어지게 계획 짜는 법 등이 학생들의 시선을 끌지만, 사실 그냥 칙칙하게 연필로만 공부하면서 좋은 성적을 받는 학생들도 수두룩하다.

그래서 한동안 학생들에게 공부법을 구체적으로 알려주기를 꺼려했었다. 일단 무작정 시작해보고 부딪혀가며 자연스럽게 터득하기를 바랐기 때문에 공부법을 통해 남들보다 쉽게 가려는 것은 늘 경계하라고 지적했다.

물론 지금도 공부법을 안다고 이것이 지름길이라거나 남들보다 빨리 가는 길이라고 생각하지는 않는다. 남들이 10시간 공부해야 할 분량을 2시간 만에 끝낼 수 있는 극적인 방법이 아니다.

역시나 최상위권에 도달하려면 엄청난 노력이 필요하다. 이 책을 읽더라도 여러분이 공부해 나가는 과정에서 분명히 어려움이 올 것이다. 그리고 그것을 이겨내는 과정이 필요하다. 이런 일들이 무수히 많이 반복될 것이다.

어차피 그럴 텐데, 굳이 이런 형식적인 공부법을 알려주는 것이 의미가 있을까? 이렇게 생각하던 나였지만, 이런 공부법에 대한 생각이 약간은 달라진 계기가 하나 있었다.

'하이메드'라는 의대생들이 의대 진학을 목표로 하는 고등학생들을 만나 1박2일 동안 멘토링을 진행하는 프로그램이 있다. 의과대학학생협회에서 주최하는 행사인데 멘토로 참여한 적이 있었다. 멘티인 고등학생들 입장에서도 그랬겠지만 내 입장에서도 우리 학교를 벗어나 전국의 많은 의대에서 온 학생들을 만나볼 수 있는 기회였다.

그때까지도 나는 나의 놀라운 성적 향상에 의문을 가지고 있었다. '과연 운이 좋았던 건 아닐까?' 열심히 한 건 사실이지만 남들에 비해 터무니없는 수준의 성적 향상이었기 때문에, 남들과 차별화되는 요소가 무엇이었는지 늘 궁금했다. 그러나 그곳에서 수많은 의대생들과 얘기를 나눠보고 놀라운 사실을 한 가지 알았다.

바로 국어, 수학, 영어, 과학탐구 각 과목에 대한 공부법이 놀라울 만큼 서로 일치한다는 것이었다. 물론 누구는 그 과정을 머릿속으로 진행하고, 누구는 형광펜으로 체크를 하는 등 형식적인 측면에서 사소한 차이는 존재했다.

그러나 전반적으로 각 과목에 접근하는 방식이나 의도 그리고 훈련하는 방식이 너무나도 유사했다. 그때 나는 나의 재수생활은 '단순히 열심히 한 것'에 그치는 것이 아니라, '올바른 방법으로 열심히 한 것'이었음을 깨달았다.

다시 한 번 얘기하지만 공부에 왕도는 없다. 이렇게 하면 무조건 성공한다거나 이것이 가장 효율적인 방법이라고 말할 생각은 없다. 누군가는 전혀 다른 방법으로 수능 만점을 맞았을 수도 있고 비슷한 방법으로 공부를 하고도 실패한 사람이 있을 수 있다. 이런 공부법보다 더 중요한 것은 앞에서 소개한 마음가짐이나 태도라는 생각에는 변함이 없다.

그러나 의대생들과 같은 최상위권 학생들의 공부법을 들어보면 놀랍도록 비슷한 방식과 생각으로 각 과목에 접근하고 공부한다. 이런 학생들도 '처음'이 있을거고, 우여곡절을 통해 부딪혀가며 한 문제라도 더 맞추기 위해 스스로 터득한 방식이 본인만의 공부법이 되었을 텐데, 이것이 결국 비슷한 방식으로 수렴하고 일치한다면 공부에 왕도는 없어도 최소한 정도는 있는 것이 아닐까?

고등학생들이 얼마나 많이 배우고 갔는지 모르겠지만, 나는

'하이메드'를 통해 이러한 큰 깨달음을 얻었다.

그리고 중요한 것은, 나를 포함한 의대생들이 모두 해당 공부법에 대해 '왜 그렇게 해야 좋은가?'라는 이유를 알고 있었다. 사실 많은 학생들에게 공부법을 추천해주면 그렇게 해야 하는 이유나 그렇게 할 때의 장점도 알지 못하면서 무작정 본인에게 적용한다.

이를테면 국어 공부를 할 때 지문에 체크를 해야 하는 의미도 모르는 채로 체크를 하며 공부를 한다. 그렇게 하면 그 공부법을 흉내 내는 것일 뿐, 제대로 활용하고 있는 것이 아니다.

공부해야 하는 이유를 정확하게 알고 해야 공부를 지속할 수 있다. 심지어는 거기서 자기만의 노하우를 추가해 더 발전시킬 수도 있다.

내가 얘기할 공부법도 나만의 것이 아니라 여러 사람들에게 듣고 장점이 있다고 생각되는 것들을 적용하며 나의 노하우들을 추가한 것이다.

이제부터 소개할 공부법은 무작정 문제를 풀기 시작해서 최종적으로 도달한 '나만의 공부법'이기도 하지만 동시에 많은 최상위권 학생들이 이용해 온 어느 정도 검증된 '최상위권 학생들의 공부법'이기도 할 것이다. 다르게 공부해서 수험생활을 성공

적으로 마친 학생이라도 본질은 내가 말하는 것에서 크게 벗어
나지 않을 것이다.

그럼에도 불구하고 이 책을 읽는 독자 중에 오직 공부법이라
는 지름길을 위해서 앞부분을 건너뛰고 여기까지 온 학생이 있
다면 부디 다시 앞으로 돌아가기를 바란다. 공부를 하는 방법을
아는 것보다 열심히 하는 것 그 자체가 중요하고 그 때의 마음가
짐이나 구체적인 자기관리를 앞쪽에 담아뒀다. 그러한 태도와
공부 의지가 있는 준비된 학생이라면 지금부터 읽을 부분이 어
느 정도 가이드라인으로써 빛을 발할 것이다.

지금부터 소개할 공부법을 알고 난 이후에도 분명히 학생들
에게 난관이 올 것이고, 우여곡절이 있을 것이다. 이 공부법이
절대적이지는 않다. 개인마다 부족한 부분이 다르기 때문이다.

그러나 그럴 때 이 책의 뒷부분을 펼쳐보기보다는 앞부분을
다시 한 번 읽어보고 난관을 스스로 이겨내기를 바란다.

그럼 어떤 난관이 찾아와도 이겨낼 준비가 된 그대에게 공부
를 위한 간단한 가이드라인을 소개한다.

❖ 공부법에 대한 고민

처음 계획을 짜려고 할 때 어려웠던 것은 대체 뭘 공부해야 하는지를 잘 모르겠다는 것이었다. 지금도 많은 학생들이 공부를 안 하다가 공부를 해야겠다고 맘은 먹었지만, 뭘 공부해야 할지 몰라서 시작을 못하겠다는 말을 많이 한다.

나도 처음엔 그랬다. 그러나 고등학교 시절의 모습을 돌이켜보면 그때까지 책 한 권을 처음부터 끝까지 제대로 풀어본 적이 한 번도 없었다는 것을 알았다. 수험생답게 책은 이것저것 많이 샀는데, 제대로 끝까지 풀어본 적이 없었다.

실제로 수학 첫 단원인 집합은 못하는 학생이 없다는 말이 있을 정도로 고등학생 김현수를 포함한 많은 학생들이 끝까지 제대로 책을 풀어본 적이 없을 것이다. 그런 학생들에게 제시하는 해결책은 '아무 책이나 우선 처음부터 끝까지 풀어보라'이다.

나도 그렇게 시작했다. 수험생이면 누구나 구입하는 EBS의 수능연계 교재인 8권(국어 1권, 수학 4권, 영어 1권, 과학 2권)의 《수능특강》을 가지고 있었기에 일단 이걸 모두 풀어보자는 생각을 했다. 기간은 딱 한 달. 단순하게 페이지를 기준으로 혹은 단원 기준으로 나누어서 한 달 계획을 짰다. 중간 중간 선생님이 내주시는 숙제를 다 해가면서도 계획을 지켜 책을 열심히 풀어봤다.

앞에서 이야기한대로 오답도 꾸준히 체크해가며 열심히 풀었다. '공부를 어떻게 하지?'라는 식의 쓸데없는 생각은 하지 않았다. 그렇게 하다보니 2월 17일에 풀기 시작했던 《수능특강》 8권을 3월 17일에 전부 마무리할 수 있었다.

결과는 놀라웠다. 공부에 대한 감이 잡혔다. 앞으로 어떻게 공부를 해나가야 하는지 눈앞에 그려졌다. 그동안 '뭘 해야 할지 몰라서', '공부법을 몰라서' 공부를 안했다는 것은 전부 핑계에 불과했던 것이다. 시작도 안 해보고, 무작정 모르쇠로 일관하며 시간을 끄니 제대로 공부가 이뤄질 리가 없었다.

일단 해보면 되는 것이었다. 계획을 짜고 그것에 맞춰 책 8권을 짧은 시간에 집중해서 풀어보니 흔히들 말하는 '공부법'이라는 것이 절로 익혀졌다. 남에게 듣는 것이 도움이 될 수도 있다. 하지만 공부법에 의존할 필요도, 모르겠다고 좌절할 필요도 없다.

책장에서 책 한 권을 뽑고 일단 시작하라. 그것이 바로 '공부법'이 형성되는 과정이다.

❖ 공부 비법 ① 풀이는 절대 보지 않기

대부분의 문제집에는 해설지가 첨부되어 있고, 문제에 대한 풀이가 적혀있다. 본인이 맞춘 문제에 대해서 과연 정확한 풀이였는지 확인하는 차원에서 풀이를 보고 비교해보는 것은 괜찮지만, 틀렸거나 모르는 문제에 대해서는 절대로 풀이를 보면 안 된다. 계획 짜는 법을 얘기할 때 살짝 언급했었지만, 주말을 이용해서 고민했음에도 풀리지 않는다면 그 다음 주에 선생님이나 친구에게 물어봐야 한다. 그러나 선생님이나 친구에게 물어보는 것보다 해설지를 보는 것이 훨씬 빠르고 편리하지 않냐는 생각을 할 수 있을 것이다.

해설지에 적힌 풀이와 선생님이나 친구의 설명에는 큰 차이가 있다. 바로 '생각하는 과정'이다. 풀이에서는 단순히 문제를 푸는 방법만 적혀있다. 1단계에서 2단계로 넘어가고 따라서 3단계로 자연스럽게 이어져 답이 나온다. 당연히 어느 정도 공부를 한 학생이라면 누구나 그 풀이를 보고 이해할 수 있다.

수학이라면 '아, 이렇게 푸는 거구나.'라고 생각할 것이고, 국어나 영어라면 '아, 이래서 답이 저거구나.'와 같이 말이다.

그러나 그건 절대로 본인의 실력이 아니다. 본인의 실력이라는 것은 해설지가 없을 때도 똑같은 풀이를 본인이 아무 도움 없이 그대로 재연해낼 수 있는 능력이다.

그러나 해설지에는 왜 다양한 풀이 중 1단계의 방법을 썼는지, 1단계에서 왜 하필 2단계로 진행을 했는지와 같이 머릿속으로 떠올려내는 과정이 결여되어 있다.

반면 선생님이나 친구가 문제를 풀어줄 때는 왜 1단계의 방법을 쓸 생각을 했는지, 왜 다른 방법으로 하면 안 되겠다고 생각했는지, 왜 2단계의 풀이로 진행할 생각을 했는지 등 풀이의 매 단계에 대한 이유와 논리를 알 수 있다.

내가 1단계의 방법을 쓰지 않고 1'단계로 진행을 했을 때 문제가 풀리지 않은 이유와 왜 굳이 수많은 방법 중 1단계를 선택해 진행을 해야 하는지 알 수 있다.

풀이를 읽으면, 그냥 '한 문제를 푸는 방법'이라는 지식만 하나 추가되기 때문에 문제가 변형되거나 응용되면 풀기가 어려워지지만, 하나하나의 풀이를 선택하는 방식과 이유와 논리를 알게 되면, 해당 문제가 응용되어 출제되어도 내 스스로 길을 찾아서 풀어낼 수 있는 실력이 생긴다.

내가 있던 재수학원의 경우에는 쉬는 시간에 질문하는 학생들이 너무 많아 우선은 스스로 최대한 생각하며 풀어낼 수 있도

록 노력한 뒤 그래도 도무지 모르는 문제들에 대해서는 질문을
했다.

　다만 선생님에게 질문하기까지 기다리는 시간이 너무 오래
걸렸기 때문에 각 과목을 잘 하는 친구들에게 개인적으로 물어
보거나 수업 시간에 관련 있는 내용이 나올 때 그때그때 물어보
는 방식으로 해결하곤 했다. 그리고 그런 질문이 쌓여 나의 실력
이 되었다.

❖ 공부 비법 ② 모든 책 앞에 날짜 적기

수험생이라면 보통 2월이나 3월에 EBS에서 나오는 수능 연계 교재를 사게 된다. 매년 연계 교재가 조금씩 달라지긴 하지만, 대체로는 《수능특강》으로 시작해 4~5월, 6~7월, 8~9월 약 2달에 한 번씩 연계 교재가 나온다.

수능 연계 교재는 수험생이라면 '기왕이면 다홍치마', 어차피 여기서 나온다는데 그냥 풀고 보는 느낌의 교재이다. 그러나 고3의 나는 그렇게 '성실해 보이는' 수험생활을 보냈음에도 2월에 구입했던 수능특강 교재를 수능날까지도 다 풀지 못했다. 공부를 못하는 학생들의 특징이다.

책은 이것저것 사고 많이 푸는 듯한데 정작 제대로 몰입해서 끝까지 풀어낸 책이 없다. 모든 책이 앞에서 중간까지만 풀려있는 걸 쉽게 볼 수 있다.

이런 일이 다시 반복되는 걸 방지하기 위해 나는 재수학원에 입소한 다음날부터 모든 책들의 앞면에 풀기 시작한 날짜를 적어놓았다. 그리고 책을 다 풀면 마무리한 날짜를 추가했다. 이렇게 써보니 사물함에 있는 수많은 책들에 대한 나의 몰입도를 한눈에 알 수 있었다.

어느 순간부터 특정 책에 대해 소홀해지기 시작하면 바로 드러났다. '아니 이 책 이때 시작했는데 아직도 못 끝냈나? 빨리 해야겠네.'라는 생각이 바로 든다.

그러지 않으면 그냥 몇 권의 책으로 질질 끌다가 결국 마무리하지 못하고 시기가 지나서 또 새로운 책이 나오면 그 책으로 넘어가는 일이 반복된다.

여러분의 몰입도를 날짜로 확인해보라. 계획을 짜는 행위가 여러분이 남은 날들을 잘 보내기 위한 것이라면, 책 앞에 날짜를 쓰는 것은 여러분이 지나온 길을 직관적으로 돌아볼 수 있는 계기가 될 것이다.

❖ 공부 비법 ③ 형식에 얽매이지 않기

앞으로 설명할 공부법은 나의 경험을 토대로 한 것이기 때문에 다소 형식적인 부분들이 있을 수 있다. 이를테면 어떤 상황에서 형광펜을 쓴다거나 암기를 할 때 연습장을 활용했다는 식으로 말이다.

그러나 그런 형식적인 것에 얽매일 필요는 없다. 오직 그 방식을 통해 얻고자 하는 것이 무엇이었는지를 먼저 생각해보고, 본인 역시 같은 것을 얻기 위해 노력하면 된다. 그 과정에서 나의 방식을 따라 해볼 수도 있고, 본인의 더 좋은 방법이 있다면 그것을 새롭게 적용해도 괜찮다.

재수 시절 우리 반 학생들이 지나치게 형식에 치우친, 남들에게 보여주기 위한 공부를 많이 한다고 생각했다. 나는 이것을 '겉멋 공부'라고 표현한다. 고등학교 시절 나도 그랬다. 유독 겉멋 공부하는 학생들이 많았는데, 이를테면 밥을 혼자 먹으며 단어장을 보는데, 정작 그렇게 해서 남은 점심시간에는 밖에서 친구들을 만나 놀다가 늦게 들어왔다.

보통 밥을 혼자 먹으며 단어를 외우는 이유는 밥을 더 빨리 먹어 시간을 확보하고 영어 단어를 따로 공부할 시간을 줄이기 위함이다.

그러나 그 학생은 단순히 '밥 혼자 먹으며 단어 외우기'라는 형식만 흉내 내고 다른 학생들에게 보여줌으로써 본인이 공부를 열심히 한다는 느낌을 받는 것에 집착했을 뿐 전혀 얻는 것이 없었다.

또 다른 학생은 수학을 곧잘 하던 학생이었는데, 어느 날 모두에게 자기가 만든 자료를 복사해서 나눠주었다. 그 자료에는 굉장히 쉬운, 그 학생 정도의 수준이라면 진작 알았을 만한 쉬운 공식들까지도 정리가 되어 있었다.

자료를 잠깐 훑어봤는데, 미안한 얘기지만 정말 도움 되지 않는 자료들뿐이었다. 그냥 책을 읽는 게 나은 수준의, 굳이 따로 시간을 들여 정리할 필요가 없는 수준의 자료였다.

그 학생은 거기에다가 글씨를 잘 쓴다는 자부심도 있었기 때문에, 자신이 멋들어진 자료를 만들었다고 학생들에게 자랑하였다. 그리고 친구들이 고맙다고, 착하다고 칭찬해주는 것에 큰 만족감을 보였다.

물론 개인의 만족감 때문에 베푼 선행이라고 할 수도 있겠지만, 너무나도 소중한 며칠을 본인의 실력에 전혀 도움 되지 않는 자료를 만드느라 사용했고, 그렇게 해서 돌아온 것은 남들에게 받은 칭찬에 의한 만족감뿐이었다. 겉으로 보기에는 멋진 글씨로 깔끔하게 정리하고 공부를 열심히 하는 듯 보이지만 본인이 얻은 것은 무엇일까? 결국은 본인을 위한 공부가 아니라 남에게 보여주기 위한 공부였을 뿐이다.

예쁜 글씨로 멋있는 자료를 스스로 만드는 것, 밥을 혼자 먹으며 단어를 외우는 것, 틀린 문제들을 잘라 노트에 붙여서 정리하는 것 모두 남들에게는 공부를 잘하고 열심히 하는 듯한 모습으로 비춰지는 모습이다. 그러나 그러한 형식에 얽매여 정작 그 속의 본질은 알지 못한다면 그냥 껍데기뿐인 공부인 것이다.

차라리 그 시간에 잠이나 잤으면 나머지 시간을 더 잘 보낼 수 있는 원동력이 됐을지도 모른다. 안 하느니만 못한 만큼 손해를 보는 것이 바로 겉멋 공부이다. 공부는 본인이 부족한 것을 찾고, 이를 어떤 방식으로든 채우기만 하면 된다.

겉멋 공부의 위험한 점은, 한번 시작하면 그것이 시각적으로 보이기 때문에 공부를 하는 듯한 착각에 빠지고 결국은 반복한다. 책상에 오래 앉아있고, 수업 시간에 필기도 잘하고, 내용 정리도 예쁘게 잘하는 학생이, 성적이 전혀 오르지 않고 오히려 떨어지는 경우가 바로 그런 경우이다.

반면 색깔펜 하나 쓰지 않고 연필로만 지저분하게 대강 체크하면서도 시험은 기똥차게 잘 보는 학생들이 있다. 그 학생은 본인의 단순한 방식으로 부족한 점을 찾아내고, 이를 훌륭하게 채워가고 있는 것이다.

오답노트 작성법에 대해 물어보는 학생들이 많은데, 나 같은 경우에는 많은 오답을 다 자르고 붙이는 시간이 아까워 그냥 책을 언제든 펼칠 수 있도록 포스트잇을 붙여놓았다.

정작 화려한 오답노트를 만들어 놓고 그냥 그 화려함에 만족할 뿐 다시 복습하지 않는 학생들도 꽤 있었다. 나는 그렇게 화려하고 자랑할 만큼 보여줄 만한 오답노트는 한 권도 없었지만, 그래도 내가 한 번 틀린 유형의 문제는 다시는 틀리지 않을 만큼 공부했다.

단순히 '오답노트를 만드세요.'와 같은 공부법을 듣고 적용하는 것이 중요한 것이 아니라 그 말의 본질 속에 있는 '오답은 확실하게 정리해서 다시는 틀리지 않도록 하세요.'라는 말을 읽어내는 것이 중요하다.

이 책을 읽고 있는 여러분만은 제발 형식에 얽매어 남에게 보여주기 위한 공부를 하다가 공부의 본질과 성적을 놓치지 않았으면 좋겠다.

❖ 공부 비법 ④ 과하게 공부하기

　내가 수능을 본 2014년은 이전 적정 난이도를 유지하던 수능이, 사교육의 규모를 축소시킨다는 정부의 정책에 의해 꽤나 쉬워진 해였다. 정부에서 그런 발표를 하기도 했고, 실제로 6월과 9월 평가원 모의고사에서도 수학이나 영어 시험을 다소 쉽게 출제하는 경향을 보였다. 그래서 많은 학생들이 이때부터 수학과 영어의 공부량을 줄이기 시작했다.

　그러나 이는 굉장히 위험한 일이다. 수능날 문제가 의외로 어렵게 나올 수 있기 때문이라는 당연한 이유 이외에도, 수능과 무관한 제 3자가 수능 문제를 풀어보고 분석하는 것과 수험생이 본인의 운명이 걸린 시험 문제를 낯선 장소에서 주어진 시간 안에 태어나서 처음 보는 문제를 푸는 것은 체감 난이도가 전혀 다를 수밖에 없다.

　수능은 쉽게 출제되든 그렇지 않든 수험장에서의 본인에게는 어려울 것이라고 생각을 해야 한다. 수능이 쉬울 것이라고 예상하고 공부한 학생은 수능 문제가 조금만 어려워도 점수가 크게 떨어지지만, 어려운 수능을 대비하고 공부한 학생은 수능이 어렵게 나오든 쉽게 나오든 좋은 성적을 얻어낼 수 있다.

어려운 수능을 준비한 내 입장에서는 수능이 생각 이상으로 쉽게 나왔고, 수능에서 실수한 두 문제가 너무나도 뼈아프게 다가오긴 했지만 그럼에도 불구하고 의대에 진학하는 데에는 전혀 문제없을 정도로 만족스러운 점수를 받아냈다.

시간적인 면에서도 마찬가지이다. 비교적 쉬운 모의고사를 풀고 시간이 충분히 남았다고 만족하기보다는, 문제가 정말 어려울 경우를 대비해서 시간을 최대한 많이 남길 수 있도록 연습해야 한다.

실제로 나는 평소에 국어에서 최소 30분 정도는 남길 수 있게 훈련한 결과 수능에서 다른 친구들이 '시간이 부족했음'을 호소할 때도 평소 30분을 남기던 훈련으로 평소만큼 빠르게 풀지 못했지만 15분 정도의 시간을 남기고 비교적 여유 있게 검토까지 할 수 있었다.

가장 어려운 수능을 준비하고 공부하는 것이 학생의 올바른 덕목이다. 늘 최악의 상황을 생각하고 준비한 사람이 피해를 최소화할 수 있다.

그 해에 6월 모의고사와 9월 모의고사가 다소 쉽게 출제되었음에도 수능에 나오기에는 무리가 있을 정도로 어려운 문제들도 풀 수 있을 정도의 실력을 만들기 위해 끊임없이 노력했다.

문제가 쉬울 것이라고 끊임없이 스스로를 위로하던 다른 학생들은 예상보다 어렵게 느껴지는 수능에(물론 실제로는 그렇게 어렵지 않았음에도) 당황하고 흔들렸지만, 늘 최악의 난이도에 대비해 온 나는 큰 어려움 없이 수능 문제를 풀 수 있었다.

그렇게 나는 수능날 학원으로 돌아오는 버스에서 문제가 어려웠다고 불평하는 학생들 사이에서 속으로 웃음을 지을 수 있었다.

❖ 공부 비법 ⑤ 예습, 복습은 필수다

공부를 조금이라도 하는 학생이라면 대부분의 공부는 '복습'으로 이루어지게 되어 있다. 수업 때 배운 내용을 확인하고 다시 문제를 풀어보고... 복습은 중요하다. 배운 것이나 공부했던 내용들을 다시 보지 않는다면 무조건 망각하게 되어있다. 결국 실력이 떨어진다.

그러나 예습을 하는 학생들은 많지 않다. "배우지도 않은 걸 어떻게 미리 풀어요?"라고 묻는다면 배우지 않은 부분의 내용을 미리 공부하고 문제를 풀어가라는 것이 아니다. 예습은 더 넓은 범위로, 다음 수업 때 할 것을 미리 보고 가는 것을 의미한다.

예를 들어 영어 문제를 풀어주는 문제 풀이 수업이 있다면, 대충 다음 시간에 어느 정도까지 진도를 나갈지 예상하는 것은 어렵지 않다. 예상한 범위까지 문제를 미리 풀어보고 가는 것이다.

어려워서 잘 모르겠더라도 걱정되지 않는다. 수업 전에 미리 문제를 풀어보며 채점을 하고 모르는 부분을 구체적으로 체크해 놓는다면, 그 다음 진행되는 수업 시간의 가치는 남들의 두 배가 된다.

문제를 미리 풀어오지 않고 수업 시간에 선생님과 같이 풀어나가는 다른 학생들은 어떻게 보면 그 문제를 선생님과 함께 보기 때문에, 그 문제를 통해 발견할 자신의 부족함이나 발전할 수 있었던 기회를 박탈당하게 된다.

반면 문제를 먼저 풀어본 학생은 그 문제에서 발견한 부족한 부분 등을 찾아낼 수 있고, 그렇기에 수업 시간에 해당 부분을 특히 집중하여 듣게 된다.

그리고 선생님께서 해당 부분을 언급하지 않는다면 질문으로 내용을 확인하면 된다. 미리 문제를 풀어오지 않은 학생이 수업 시간에 하는 질문에는 한계가 있다. 그러나 미리 고민을 해본 학생의 질문은 본인에게 맞춤형이면서도 깊이 있는 질문을 던질 수가 있다.

수험생활은 길다. 그 중 자습 시간을 어떻게 보내는지가 결과에 있어서 얼마나 큰 차이를 만들어내는지는 지금까지 책을 읽으면서 뼈저리게 느꼈을 것이다.

그런 자습 시간 못지않게 많이 주어지는 시간이 바로 수업 시간이다. 자습 시간뿐만 아니라 수업 시간까지도 남들 두 배 이상의 가치로 활용할 수 있도록 해 주는 것이 바로 예습이다.

앞에서 언급했던 본인이 선호하지 않는 수업 시간에 자습을 하는 학생들이 어느 정도 한계에 부딪히는 이유가 그런 것이다.

수업 시간에 자습을 하면 효율이 굉장히 낮지만, 그 수업 시간을 온전히 수업에 할애하면 효율은 높아진다.

❖ 필기하는 습관, 필기를 하는 이유

'공부를 잘하는 학생'이라는 말을 들으면 '화려한 필기'가 연상되는 사람이 많을 것이다. 그만큼 공부 꽤나 하는 학생 치고 필기를 잘 안 하는 학생은 매우 드물다. 사실 고등학교를 다니던 시절 나 역시도 남학생치고는 필기를 꽤 열심히 하는 학생에 속했다. 그러나 알다시피 그런 식으로 남들에게 비춰지는 성실함에 비해 성적은 형편없었다. 그래서 재수를 시작하기 전에 그런 행위 하나하나에 의문을 가졌다.

그동안 나는 아무 생각 없이 '공부하는 느낌'을 내기 위해 필기를 해왔었다. 그럼 대체 공부 잘 하는 학생들의 필기와 나의 필기에는 무슨 차이가 있는 것일까? 필기는 대체 왜 해야 하는 것일까? 많은 학생들이 이런 부분들을 간과하고 무작정 필기를 열심히 하는 경우가 많다. 그러나 공부를 하면서 이러한 물음에 대한 답은 쉽게 나왔다.

필기를 해야 하는 이유는 간단하다. 아무리 열심히 수업을 들어도 며칠, 아니 몇 시간만 지나면 수업 내용을 서서히 잊어버리게 된다. 그렇기에 필기는 기억력의 한계를 극복하기 위해 하는 것이고, 필기의 결과물은 모두 '복습'을 위해서 하는 것이다.

고등학교 때까지는 그 사실을 몰랐고 그저 '필기를 하는' 그 자체로도 공부가 되는 거라고 생각했다. 그리고 화려한 필기, 많은 양의 필기만으로 멋지고, 스스로 뿌듯한, 자기만족이 가득한 필기를 추구해왔다. 그러나 중요한 것은 필기의 화려함이나 양이 아니었다.

필기의 목적을 생각해보면 간단한데, 필기의 목적 자체가 수업시간에 들었지만 기억하지 못하는 부분들을 나중에 떠올리고 공부하기 위한 것이다 보니 같은 수업을 들어도 학생마다 필기의 양이 다르다. 당연한 일이다.

고등학교 시절 나는 선생님이 하는 말씀들을 최대한 적는 데에 집중했었다. 사실 그럴 필요가 전혀 없는데도 말이다. 이미 잘 아는 내용이 있다면 굳이 적을 필요가 없을 뿐더러 적는 데에 집중하다가 정작 수업의 내용이나 흐름을 놓칠 수 있다. 그래서 무작정 필기를 하는 것은 오히려 수업에 대한 이해도를 낮출 수가 있어서 무조건 필기를 많이 하기 보다는 수업을 잘 듣고, 이를 기억하고 이해하기 위한 수단으로 필기를 하는 것이 좋다.

'필기하는 법'에 대해서도 궁금해 하는 사람들이 많은데, 사실 그렇게 중요하지 않다. 온갖 색깔로 알록달록하고 화려하게 필기를 해도 정작 그 내용은 전혀 모르는 사람들이 있는 반면,

오직 연필로만 간단하게 필기하면서도 좋은 성적을 받아내는 사람들도 있다. (필기를 아예 하지 않고도 좋은 성적을 받아내는 학생들이 있다는 것도 안다. 하지만 그들은 우리와 전혀 다른 머리를 가진 종족이므로 굳이 질투하거나 신경 쓰지 않는 것이 좋겠다.)

이러한 차이는 모두 필기의 목적을 정확하게 이해하고 필기를 하는지 아니면 그냥 습관적으로 자기만족을 위해 필기를 하는지에 따른 차이라고 본다. 그리고 필기를 하는 것으로 그치는 게 아니라 앞서 이야기한 필기의 본질적인 목적인 '복습'이 잘 시행됐는지가 중요하다.

아무래도 필기를 하게 되면 안 하는 것보다는 기억에 남지만, 복습이 이뤄지지 않으면 결국 필기를 안 한 것과 다를 바가 없다. 심지어는 필기한 지 얼마 지나지 않았음에도 그 내용이 새로워 보일 정도로 우리의 망각 능력은 어마어마하다. 그렇기에 더더욱 필기는 필요하고, 의미 있는 필기를 위해 복습이 필수라는 사실을 잊지 말아야 한다.

모든 공부법이 그렇지만 '왜 해야 하는지'라는 목적 의식을 갖고 있지 않으면 그 흔한 '성실한데 공부는 못하는 학생'이 될 가능성이 농후하다.

❖ 암기를 잘 하는 법

가끔 우리나라 수능을 제대로 공부해보지 않은 유학파 출신들이 '한국 입시는 암기다.'라는 식으로 얘기한다. 그러나 수능을 열심히 공부해 본 입장에선 동의하기 힘든 말이다. 높은 사고력과 응용력을 요구하기에 학생들은 단순히 문제를 많이 푸는 걸 넘어서 문제를 연구하고, 생각하며 본인의 풀이에 대해서도 고민해봐야 한다. 그러면 수능을 준비하는 데 있어서 암기는 전혀 필요 없을까?

결론부터 말하자면 그건 '당연히' 아니다. 세상에 암기가 필요 없는 공부는 없다. 애초에 공부라는 것 자체가 몰랐던 걸 알아가는 것이기 때문에 암기는 필수다. 다만 원리가 있는 부분이라면 이해를 통한 암기가 훨씬 쉬워진다. 수학 공식은 그냥 외우면 잘 안 외워지지만, 공식의 증명을 여러 번 해보면 공식의 도출 과정을 이해할 수 있기 때문에 쉽게 외울 수가 있다.

그러나 내가 여기에서 말하려는 건 이해를 통해 암기하는 것이 아닌 그냥 '생암기'가 필요한 영역에 대해서 이야기하려고 한다. 기본적인 방법은 같지만, 암기하는 노하우 자체는 의대에 진학한 이후 더 많이 생겼기 때문에 재수 시절과 의대를 다니면서 알게 된 방법들을 함께 설명해볼까 한다.

우선 많은 학생들이 암기를 할 때 잘못하는 것이 '눈으로 계속 훑어보기'이다. 의대생들끼리는 시험 보기 직전 시간이 없을 때 암기할 게 많은 부분은 '눈에 바르고 들어가라.'는 말도 하는데, 그렇게 눈에 바른 지식들은 시험문제를 푸는 사이에 모두 날아간다.

천재가 아니라면 눈으로만 반복해서 읽는 것은 일시적으로만 외워질 뿐 장기적으로 기억에 남지 않는다. 게다가 눈으로만 계속 훑다보면 자세한 사항들을 미처 보지 못하고 지나가 어느 순간부터는 '다 외운 듯한', '다 아는 듯한' 느낌을 받는다. 그렇게 시험을 보면 '아, 이거 어디서 봤는데'라는 생각이 들고 심지어는 그 부분이 실려 있던 책의 위치는 기억이 나지만 정확히 무슨 내용인지 기억이 안 나는 불상사를 겪게 된다.

그렇다면 잘 외우는 방법과 잘 외웠는지 확인할 수 있는 좋은 방법은 무엇일까? 뻔한 얘기지만, 잘 외우는 방법은 반복하는 것이다. 그렇지만 앞에서 언급했듯 그저 눈으로만 반복해 읽는 것이 아니라 수업을 열심히 들으며 한 번 내용을 익히고, 그 이후에도 반복해서 공부하되, 단순히 눈으로 보는 것이 아니라 쓰면서 하는 것이 가장 좋다.

쓰면서 외우면 문장이나 단어를 하나하나 자세하고 보게 되고 세세한 부분도 놓치지 않는다. 그렇다고 무작정 쓴다고 잘 외워지는 것만도 아니다.

나 역시 중고등학교 때 공부 잘하는 친구들이 막 쓰면서 외우는 모습을 보고 따라해 본 적이 있는데 전혀 기억에 남지 않았다. 그냥 외울 내용들을 옆에 따라 적는 것은 무의미한 손놀림에 불과하다. 따라서 내용들을 '보지 않고' 적어야 한다.

내가 어떤 책이나 프린트의 한 두 페이지 정도 되는 분량의 내용을 보지 않고 스스로 적을 수 있어야 비로소 외웠다고 할 수 있는 수준이 된다. 그렇게 자료를 보지 않고 노트나 연습장에 머릿속 지식을 쓴 다음 원본 자료와 비교해보면 분명 내가 놓친 곳이나 잘못 기억하고 있는 부분들이 있을 것이다. 그 부분이 바로 내가 약한 부분이므로 다음에 볼 때 좀 더 자세히 볼 수 있도록 다른 색깔의 펜으로 체크해 놓는다.

그런 다음은 이 모든 과정의 반복이다. 원리는 똑같지만 너무 많은 내용은 쓰는 데 오래 걸릴 수도 있으니 책을 보지 않고 스스로 중얼거리며 전부 외웠는지 체크해보는 것도 괜찮다.

중요한 것은 책이든 프린트든 보지 않고 말하거나 쓸 수 있는 수준이 되어야 한다는 것이다. 책을 보면 다 알고 있는 것 같아 마치 외운 듯한 느낌이 나지만 실제로는 외우지 못했다는 것을 시험장에서 깨달았을 때는 이미 늦었기 때문이다.

그리고 문장이 끊임없이 이어지는 교과서는 양이 많고 가독성이 떨어져 반복해 읽기가 힘들고 오래 걸린다. 효율적인 복습을 위해서는 이런 책들은 따로 '정리'를 해줘야 한다.

암기는 결국 반복인데, 정리가 되어있지 않은 책들은 반복하기가 힘들 정도로 읽고 외우는 데 시간이 오래 걸린다. 방대한 암기량에 힘들어하는 학생에게 참고가 됐으면 하는 생각에 적어본다.

어떤 과목이든 처음 공부할 때는 시간이 오래 걸린다. 잘 모르는 내용이라 이해가 잘 가지 않는 부분도 있을 것이고, 어디가 중요하고 어려운지를 몰라서 모든 내용을 꼼꼼히 읽어야 한다.

나는 '처음 공부하는' 이 시간이 정말 오래 걸림에도, 한 번 읽은 걸로는 생각보다 기억에 남는 부분이 너무 없어서 아깝다는 생각이 들었다. 그래서 처음 책을 읽는 과정에서부터 가독성이 떨어지는 풀 텍스트Full Text 방식의 책을 읽기 편한 복습하기 용이한 '자료' 형태로 바꾸자는 생각을 했다.

의대에 진학한 이후, 처음에는 책의 내용과 나의 필기들을 모두 노트에 손으로 정리해봤다. 그러나 그렇게 하기에는 양이 너무 많아서 시간이 오래 걸렸고, 손도 아팠다. 내 글씨가 악필이라 다시 복습하기에는 내 자료가 너무나도 조잡해보였다.

그래서 생각한 방법이 손대신 노트북으로 정리하는 것이다. 물론 이 과정에서도 그냥 책을 보고 노트북에 정리하면 암기의 효과가 거의 없기 때문에 책을 보지 않고 노트북에 타이핑한 후 책과 비교해 내가 잘 외우지 못한 부분을 체크하는 방식은 동일하게 적용했다.

이렇게 자료를 정리하니 손으로 쓰는 것보다 훨씬 빨랐고 내 악필과는 비교도 안 될 정도로 깔끔했다. 방대한 내용을 간결한 문장과 단어 위주로 정리하면 원본보다 훨씬 압축된, 나만의 자료가 완성된다.

나는 이 자료를 최소한 시험 며칠 전까지는 만들었고, 완성되는 대로 인쇄소에 맡겨서 제본을 했다. 이렇게 하면 해당 과목에 대한 나만의 작은 책이 하나 완성된다.

그때부터는 그 책으로 복습을 했다. 한 번 책을 읽으면서 중요하다고 생각되는 것들과 내가 헷갈리는 부분들을 정리해놓은 책 위에 밑줄을 긋고 형광펜을 치고, 잘 외워지지 않는 부분은 잊지 않도록 앞 글자를 따거나 재미있는 문장을 만들어 옆에 써 놨다.

암기에 도움 되는 이런 문장을 만들면 기억이 정말 오래 가기도 하지만, 좋은 점은 이런 문장을 만드는 과정 자체에서도 엄청 기억에 남는다. 이런 문장을 만드는 실력은 단기간에 많은 암기량을 요구하는 의대 공부를 하며 늘었는데, 이를테면 다음과 같았다.

암기해야 할 내용

방사선치료RT; Radiotherapy**가 효과적인 뇌종양**

Medulloblastoma, Germinoma, Ependymoma, Malignant Lymphoma

암기를 위해 만든 문장

방사선 맞은 MB Medulloblastoma**가 German**Germinoma**에 가서 팬티**Ependymoma**를 리폼**Lymphoma**했다.**

우스워 보일 수도 있지만 이 문장은 몇 개월 전에 만든 문장임에도 아직까지 기억에 남을 정도로, 짧은 내용의 '생암기'를 요구하는 부분에서는 매우 효과적인 암기법이다.

여러 가지 얘기를 했지만, 결국 중요한 것은 반복 즉 복습이다. 여러 번 보지 않고 외울 수 있는 사람은 거의 없다. 천재가 아닌 이상 그 어떤 암기법도 방대한 양을 한 번 보고 외울 수는 없다.

세상에는 다양한 사람의 다양한 암기법이 존재하겠지만, 결국 답은 많이 보는 것임을 잊지 않았으면 좋겠다. 다시 한 번 강조하지만 공부에 지름길은 없다.

❖ 국어 공부법

국어는 최상위권 학생들이 가장 어려워하는 과목이다. 수학 문제를 풀 듯이 무작정 문제를 푼다고 점수가 오르는 것도 아니고, 그렇다고 영어처럼 말뜻이 이해가 안 가는 것도 아닌데 이상하게 만점 맞기가 참 어려운 과목이다.

총 45문제가 출제되는 수능 국어는 크게 3개의 파트로 이루어져 있다. 화법, 작문, 문법, 일명 화. 작. 문. 영역에서 15문제 정도, 비문학에서 15문제, 문학에서 15문제 정도 출제된다. 요즘은 비문학과 문학이 혼재되어 출제되기도 하지만 어쨌거나 각 영역별 문항 수는 크게 차이가 없다.

이렇게 총 45문제가 출제되는데, 영역에 상관없이 학생들이 가장 많이 하는 행동 중 하나가 바로 '문제 먼저 읽고 지문 보기'이다. 실제로 수많은 학교 선생님들이나 학원 선생님들이 '문제를 먼저 읽으면 지문의 내용을 어느 정도 파악할 수 있다.'는 이유로 문제를 먼저 읽고, 지문을 읽으며 동시에 문제를 풀라고 얘기한다.

실제로 상위권 학생들 중에 이런 방법으로 공부해서 좋은 성적을 받는 학생들도 있을 것이다. 그러나 나는 문제 먼저 읽기의 장점이 적용되지 않았다.

실제로 아무리 교육과정이 바뀌어도 수십 년간 수능 국어 과목에서 바뀌지 않는 글귀가 바로 지문 위에 쓰여 있는 '다음 글을 읽고 물음에 답하시오.'이지, '다음 글을 읽기 전 문제를 먼저 읽고 글을 읽은 후 물음에 답하시오.'가 아니기도 했다.

나는 지문보다 문제를 먼저 읽으면 오답이 더 많이 나오곤 했다. 그 이유는 바로 문제에 있는 선택지 중 오답이 섞여있기 때문이었다. 수능은 오지선다 형태의 시험인 만큼 5개의 선택지 중 하나만 정답이다. 결국 학생들을 '낚기 위한' 선택지인 만큼 어느 정도 지문 내용과의 관련성도 있고 꽤나 그럴싸한 말들로 포장되어 있다. 이런 선택지들까지 모두 읽은 후 지문을 읽으니 오히려 더 헷갈리기만 했다.

아무 선입견 없이 지문을 읽었으면 내 독해력으로 그대로 읽을 수 있는 것을 괜히 문제의 선택지들을 먼저 읽는 바람에 문제의 사소한 문장들도 괜히 수상(?)해 보였고 생각만 복잡해져 읽는 데 시간이 많이 걸렸다.

문제를 먼저 읽는 사람들이 주장하는 유리함도 충분히 어떤 의도인지는 알겠으나, 결코 그것이 절대적이거나 누구에게나 유리한 방식은 아니라는 것을 말하고 싶다. (물론 앞에서 언급했다시피 나의 방식도 결코 절대적이지 않다. 모두 본인이 많은 연습을 통해 적용해본 이후 본인에게 편한 방식으로 결정하는 것이 좋다.)

그래서 나는 수능 국어에서 지문을 먼저 읽는 방식으로 접근했음을 먼저 얘기한 이후 각 영역 별로 내가 공부해 나간 방향을 말하고자 한다.

기본적으로 국어 과목 같은 경우에는 많이 읽어야 한다. 책을 많이 읽어본 학생은 따로 공부를 하지 않아도 국어 점수가 잘 나온다는 말이 있을 정도로 다양한 내용과 유형의 글들을 많이 읽어보는 것이 큰 도움이 된다. 그러나 단순히 책을 읽듯이 편하게 읽어나가는 것은 생각만큼 큰 도움이 되지 않을 수 있다.

'생각하며' 읽어야 한다. 글을 읽고 이 글에서 중요한 부분은 어떤 부분일지, 어떤 부분이 문제에 나올 것인지를 계속 생각하며 고민해야 한다. 과연 내가 중요하다고 생각했던 부분이 실제로 문제에 출제되는지 글의 구성 방식에 따라 내용이 어떻게 전개되는지 등을 계속 머릿속으로 생각하며 읽는 사람과 그냥 무작정 글을 읽기만 하는 사람의 차이는 점점 벌어진다.

읽는 연습이 문제를 푸는 것보다 중요하다. 문제를 통해 출제자가 중요하게 생각하는 부분들이 어느 부분인지를 확인하고 나의 생각과 비교하며 내 생각을 맞춰나가는 용도로만 활용해도 문제는 이미 충분히 잘 활용하고 있는 것이다. 이런 방식으로 문제 푸는 것에 집중하지 말고, 제대로 읽는 능력, 독해력을 길러 나가는 데 초점을 맞추는 것이 가장 우선되어야 한다.

다만 무작정 글을 읽기만 하면 내가 제대로 읽었는지 확인할 수 없다는 단점이 있다. 그래서 문제를 이용했다. 기본적으로 출제자는 한 지문을 두고 고심한 끝에 중요하다고 생각되는 것들을 문제로 내게 된다.

이를테면 지문에 있는 '예시' 같은 것은 이해를 돕기 위해 들어가 있는 부분이기 때문에 문제에 직접 출제될 확률은 낮다고 생각할 수 있다. 그래서 처음에는 우선 문제를 보지 않고 지문을 읽으면서 연필로 '내가 생각할 때 중요하고 문제에 나올 것 같은 부분들'을 밑줄 그었다.

그러고 나서 문제를 풀며 '문제를 풀 때 필요한 부분'을 형광펜으로 밑줄을 그었다. 그러면 한 눈에 나의 생각과 출제자의 생각을 비교할 수 있었다. 내가 중요하지 않다고 생각한 부분이 문제로 출제되면 중요도의 우선순위를 잘못 두고 있을 확률이 높았으므로 그런 부분을 계속 수정해 나갔다.

그렇게 '글을 올바르게 읽는 법'을 끊임없이 연습했고, 결국 수능날 내가 지문에 체크한 부분이 그대로 문제에 출제되는, 놀라운 경험을 하게 되었다.

그러나 국어는 남이 주입해주는 지식이나 단순히 문제를 푸는 것 정도로는 분명히 한계가 있는 과목이다. 쉬운 문제를 푸는 과정에서도 '생각'을 해야 한다. 단순히 문제를 맞추면 잘한 것이고 틀리면 잘못한 것이 아니라 내가 잘 읽었는지, 출제자의 의도를 잘 파악했는지 등을 계속 생각하면서 공부해야 한다. 한 문제를 풀더라도, 전혀 다른 수준의 깊이가 생길 것이다.

매년 입시 제도나 경향은 조금씩 달라지지만 영어 사교육 시장의 축소를 위해 영어가 절대평가가 된 이후 국어의 중요도는 어느 때보다 커졌다.

그리고 보이지 않는 중요성 중 하나는 바로 수능날 처음 시험보는 과목이라는 것이다. 국어에서 무너진 이후 나머지 과목에서 좋은 멘탈을 유지하기란 결코 쉽지 않다. 따라서 국어를 꾸준하고 올바른 방법으로 공부해 나간다면, 1교시에 나머지 과목을 위한 좋은 힘을 얻으며 출발할 수 있을 것이다.

❖ 화법, 작문, 문법 공부법

1~15번까지의 화. 작. 문 영역은 사실 절대 틀리면 안 되는 가장 쉬운 부분이다. 나의 주관적인 관점에서 쉽다는 게 아니라 실제 오답률 자체가 가장 낮은 부분이다.

그만큼 난이도 자체가 낮기 때문에 많은 학생들이 다른 영역에 비해 가볍게 공부하기 쉬운 부분이다. 그러나 쉬운 문제의 3점이나 어려운 문제의 3점은 같은 3점인만큼 틀리면 훨씬 치명적이라는 것을 잊지 말고, 절대로 소홀해서는 안 될 부분이다. (수능 문제에서 소홀히 해도 되는 부분이 어디 있겠냐마는...)

그만큼 절대 틀리지 않도록 정확성을 높이는 건 기본이고 상대적으로 난이도가 쉬운 만큼 여기에서 시간을 단축해야 한다. 뒤에서 다시 이야기 하겠지만 문학과 비문학으로 구성된 30문제는 지문의 길이도 길고, 빨리 읽기가 다소 힘들 정도로 정보량도 많다.

따라서 앞의 15문제를 얼마만큼 정확하게 그리고 얼마나 빠르게 푸느냐가 뒤의 30문제를 푸는 데에도 큰 영향을 미친다.

화법, 작문 문제는 글의 형식이나 문제의 내용이 어느 정도 정해져 있다. 다른 부분에 비해 난이도도 높지 않은 편이다. 따라서 몰아서 하기보다는 일주일에 조금씩이라도 양을 분배해서 한 번씩 풀어주기만 하면 크게 어렵지 않게 풀 수 있다.

실제로 화법과 작문 문제는 큰 노력을 들이기보다는 꾸준하게 접하는 것만으로도 만점을 맞기가 어렵지 않다.

문법은 다르다. 문법은 국어라는 과목 안에서 거의 유일하다시피 '암기에 의한 지식'이 필요한 부분이다. 미리 개념을 공부하고 많은 예문을 읽어보며 문제를 풀어보지 않으면 5문제를 다 맞는 것은 불가능하다. 그렇다고 매일 공부해야 하느냐고 묻는다면 그렇지 않다.

매년 달라지기는 하지만 6월 모의고사만 해도 오답률 TOP 5 안에 문법 문제가 한 문제씩은 포함되어 있는 것을 심심찮게 볼 수 있다. 그러나 수능에서 오답률 Top 5 안에서는 눈을 씻고 찾아도 문법 문제를 찾아볼 수가 없다.

그 이유는 단순하다. 초중반에는 다른 영역의 공부에 집중하던 수험생들이, 수능이 다가올수록 문법 공부를 많이 하고, 실제로 공부를 한 만큼 수능에서는 문법 문제를 비교적 쉽게 맞춰내는 것이다. 나도 그렇게 공부했다.

암기의 비중이 높을수록 후반에 공부했기 때문에 문법 역시 뒤로 미뤄놨었다. 그 전까지는 나머지 영역의 문제를 맞힐 실력을 기르는 데에만 집중했다. 그렇게 후반에 문법 개념을 꼼꼼히 공부하고 문제를 몰아서 많이 풀어보니 바로 감이 잡혔다.

실제로 수능 문법 문제도 그렇게 어렵게 나오지 않는다. 오히려 문법 공부를 몰아서 한 번에 마스터하지 않고 긴 시간 느슨하게 하면 암기와 망각이 반복되며 큰 효율을 보지 못한 채 수능 보는 날까지도 계속 문법을 어렵게만 느낄 것이다.

물론 아예 문법 지식이 없는 상태에서 갑자기 하려면 시간이 많이 걸리기 때문에 당연히 선생님이 수업하시는 내용들은 잘 귀담아 듣고 정리해야 한다. 다만 따로 시간을 내기보다는, 다른 실력을 쌓기 힘든 영역의 공부를 하다가 나중에 때가 되면 그때 수업 시간에 정리해 둔 자료를 꺼내서 밀도 있게 공부하면 된다. 문법은 타이밍이다.

❖ 비문학 공부법

비문학은 대부분의 학생들이 가장 어려워하는 부분이다. 어려워하는 이유로는 지문에 정보량이 너무 많다는 점 그리고 경제, 과학, 역사, 기술, 철학 등의 영역에 대해 배경지식이 없어서 이해가 안 된다는 이유가 가장 많다.

우선 후자에 대해서 말을 해보자면 배경지식이 없어서 틀렸다는 것은 말도 안 되는 핑계이다. 물론 비문학 지문들은 특정 영역의 정보를 설명하는 글이기 때문에 당연히 해당 영역에 대해 평소에도 관심을 갖고 있고 잘 알고 있다면 문제를 푸는 데 있어서 유리한 고지를 점할 수 있다.

그러나 평소에 모든 분야에 대해서 항상 관심을 갖고 다 암기를 해둘 수는 없는 노릇이다. 수능 출제위원들도 그러한 배경지식이 학생들에게 영향을 주는 것을 최소화하기 위해 수능 시험에는 고등학교 교육과정에 있는 내용을 출제하지 않는다.

또 한 분야에 치우치지 않고 다양한 분야의 지문을 동시에 출제하며 오직 배경지식으로만 풀리는 문제를 지양하고 지문 자체에 대한 내용을 묻는 문제 위주로 출제한다.

따라서 대부분의 학생들은 지문의 내용에 대해 배경지식이 없는 상태로 지문을 접하게 되고 설사 배경지식이 있더라도 문제를 푸는 것 자체에 대해서는 크게 도움이 안 될 확률이 높다.

또한 어떤 문제가 나올지 모르는 상태에서 비문학 문제에 대비해 다양한 분야의 지식을 늘려가는 것만큼 비효율적인 공부도 없다.

정보량이 많아서 힘들다는 학생들의 불평은 이해가 가는 부분이다. 제한된 시간 안에 지문을 전부 읽고, 내용을 완벽히 이해하여 지문에 포함된 원리를 3점짜리 문제에 적용한다는 것은 결코 쉬운 일이 아니다.

사실 어릴 적부터 굉장히 많은 책을 읽어온 학생이 아니라면 제 시간 안에 수능 비문학 지문을 배경지식 없이 완벽히 이해하는 것은 불가능에 가깝다.

실제로 수능 국어 시험에서도 '여러분, 이 지문을 읽고 내용을 암기하여 해당 개념을 완벽히 이해하시고, 여기 있는 3점짜리 문제에서 그 개념을 다른 것에 적용해 보세요.'를 요구하는 것이 아니다.

수능 국어에서는 문제를 풀면서 지문을 볼 수 있다. 따라서 지문의 어느 부분에 대강 어떤 주제의 내용이 있고, 어떤 문제를 풀 때 필요한 지만 판단할 수 있어도 충분하다.

이 과정을 빠르고 수월하게 해내기 위해서 지문에 '체크'하는 습관을 들여야 한다. 어려운 어휘들로 복잡하게 구성된 비문학 지문은 한 눈에 들어오지 않는다. 한마디로 가독성이 떨어진다. 그런 지문들을 읽음과 동시에 나만의 기호들로 읽기 쉽게 표시하는 것이다.

나는 문장이 전환되거나 수식하는 부분에는 / 나 ( )를 체크하며 읽어 나갔고, 메인 주제나 소재는 □로 체크했다. 반전이나 상황의 변화가 이루어지는 부분에는 △를, 중요한 의미를 가지는 단어들에는 ○를 표시했다. 이 정도 표시를 하는 학생들은 많을 것이다. 그러나 이 정도에서 그치면 복잡한 원리나 개념을 소개하는 과학, 기술, 경제 지문은 여전히 어렵게 느껴진다.

그래서 중요한 것이 화살표와 공식이다. 이를테면 2019학년도 수능에서 가장 높은 오답률과 극악의 난이도를 자랑했던 문제에서는 다음과 같은 보기가 주어졌다.

구는 무한히 작은 부피 요소들로 이루어져 있다. 그 부피 요소들이 빈틈없이 한 겹으로 배열되어 구 껍질을 이루고, 그런 구 껍질들이 구의 중심 ○ 주위에 반지름을 달리하며 양파처럼 겹겹이 싸여 구를 이룬다. 이때 부피 요소는 그것의 부피와 밀도를 곱한 값을 질량으로 갖는 질점으로 볼 수 있다.

(1) 같은 밀도의 부피 요소들이 하나의 구 껍질을 구성하면, 이 부피 요소들이 구 외부의 질점 P를 당기는 만유인력들의 총합은, 그 구 껍질과 동일한 질량을 갖는 질점이 그 구 껍질의 중심 O에서 P를 당기는 만유인력과 같다.

(2) (1)에서의 구 껍질들이 구를 구성할 때, 그 동심의 구 껍질들이 P를 당기는 만유인력들의 총합은, 그 구와 동일한 질량을 갖는 질점이 그 구의 중심 O에서 P를 당기는 만유인력과 같다.

해당 문제의 일부만 가져왔는데도 이 정도다. 심지어 지문의 내용이 아니라 한 문제의 보기가 이 정도였으니 배경지식이 없는 상태에서 저걸 읽고 한 번에 완벽하게 원리를 이해할 수 있는 사람이 수험생 중 몇 명이나 될까?

내가 부족한 것일 수도 있지만 내가 아는 한 거의 없다. 그러나 위의 보기를 식으로 간단하게 표현하면 다음과 같다.

부피 요소 = 부피 × 밀도를 질량으로 갖는 질점

같은 밀도 부피 요소 구 껍질 → 구 외부 P 만유인력

Total = 동일한 질량 질점이 O → P 당기는 만유인력

구 껍질 → P 만유인력 total = 동일 질량 질점 O → P 만유인력

물론 우리는 해당 문제에 대한 배경지식도 없고 앞에 주어진 지문도 읽지 못했기 때문에 이것만 갖고 새로운 지식을 얻어낼 수는 없다. 그러나 앞의 문장만 단순하게 읽었을 때보다는 훨씬 간단하고, 문제를 풀다가 필요하면 언제든 쉽게 찾아볼 수 있는 수준으로 바뀌었다. 앞의 지문도 이런 식으로 모두 체크가 되어 있다면 그 다음 문제를 푸는 것은 간단하다.

보통 특정 원리나 개념을 알려주고 이를 다른 상황에 적용하는 문제가 3점짜리 킬러 문제로 주어지는데, 이 '다른 상황'이라는 것을 저 식에 그대로 적용하면 된다. 실제 이 문제의 선택지는 아니지만, 이를테면 부피나 밀도를 다르게 해서 부피 요소를 정의하고 이를 만유인력과 연관시켜 옳고 그름을 판단하게 한다. 이럴 때는 화살표를 활용하면 간단해진다.

지금 다시 말로 설명하니 굉장히 복잡해 보이지만 만약 문제

에서 부피를 증가시켰다면 간단하게 정리한 첫 번째 식에 부피 ↑를 표시한다. 그렇다면 부피 요소도 증가했을 것이므로 자연스럽게 부피 요소 ↑라는 표시와 함께 만유인력에 관한 식에 적용시키면 된다.

물론 이것도 이론을 안다고 한 순간에 되지 않는다. 당장 비문학 지문을 펴고 문제를 위의 방식으로 풀어보면 잘 풀리지 않을 것이다. 심지어는 체크하면서 읽다보니 평소보다 글을 읽는 속도까지 느려진다. 그러나 어떤 공부법이던 잘 안 된다고 바로 '아, 이거 별로네.' 하면서 포기하면 안 된다. 훈련이 필요하다.

나의 경우에도 고등학생 시절에 지문에 전혀 손을 대지 않다가 갑자기 체크를 해가며 읽고 문제를 풀려니 어색하고 오히려 방해되는 듯한 느낌까지 받았다. 하지만 끊임없이 많은 문제에 적용시키려고 노력할수록 점점 노련해졌다. 나만의 기호가 생겼으며 지문을 읽음과 동시에 습관적으로 체크를 하고 식으로 정리할 수 있는 경지에 이르렀다.

이렇게 지문에 체크를 잘하고 활용할 정도가 되면, 어려운 비문학 지문을 읽다가 이해가 가지 않는다거나 어렵다는 이유로 다시 지문을 읽느라 시간을 지체할 필요가 없어진다. 당장 이해가 가지 않아도 나의 방식으로 간단하게 옆에 체크해두고 넘어가면 된다.

　나중에 문제를 풀다가 필요해지면, 그때 다시 돌아와 체크한 것들을 활용해서 문제를 풀면 된다. 학생들은 대부분 문제를 풀려다가 막히거나 기억이 나지 않으면 다시 지문으로 돌아와 지문을 읽는다. 그 과정에서 점점 시간이 촉박해지는데 체크만 잘해도 그 과정을 밟을 필요가 없어진다.

　따라서 지금까지 지문을 눈으로만 읽던 학생이라면 지금부터라도 지문의 중요 내용들을 실시간으로 체크하자. 때론 식으로, 때론 도형이나 화살표 등으로 정리할 수 있는 습관을 들일 수 있도록 많은 지문을 활용해서 연습하면 정확도와 속도를 모두 높일 수 있을 것이라고 확신한다.

문학은 쉬운 듯 하면서도 어려운 부분이다. 기본적으로 기승전결이 있는 경우가 많아 글도 비문학보다는 술술 읽히고, 재미도 있다. 그런데 이상하게도 문제를 맞히는 것이 결코 만만치 않다.

그 이유도 비문학과 마찬가지 이유이다. 중요한 부분을 제대로 읽지 못하고 있기 때문이다. 다만 비문학과 중요한 부분들은 작품에 따라 다소 다른데, 기본적으로 중심 인물을 중심으로 일어나는 감정, 시간적, 공간적 배경의 변화 그리고 이를 통해 작가가 말하고자 하는 바가 중요하다.

이렇게 말하면 너무나도 당연하고 뻔해서 와 닿지 않을 수도 있다. 그래서 재수학원 선생님 한 분은, 학생들의 이해를 돕고 재미를 더하기 위해 다음과 같은 극단적인 표현을 쓰셨다. 바로 '병신 찾기'였다. 여기서 '병신'이란, 보통이 아닌 평범하지 않은 인물을 얘기한다. 예를 들어 윤동주 시인의 〈자화상〉이라는 작품을 보자.

산모퉁이를 돌아 논가 외딴 우물을 홀로 찾아가선 가만히 들여다봅니다.

우물 속에는 달이 밝고 구름이 흐르고 하늘이 펼치고 파아란 바람이 불고 가을이 있습니다.

그리고 한 사나이가 있습니다.
어쩐지 그 사나이가 미워져 돌아갑니다.

돌아가다 생각하니 그 사나이가 가엾어집니다. 도로 가 들여다보니 사나이는 그대로 있습니다.

다시 그 사나이가 미워져 돌아갑니다.
돌아가다 생각하니 그 사나이가 그리워집니다.

우물 속에는 달이 밝고 구름이 흐르고 하늘이 펼치고 파아란 바람이 불고 가을이 있고 추억처럼 사나이가 있습니다.

어떤 생각이 드는가. 감성적이라는 생각이 든다. 그러나 국어 선생님은 우리에게 이런 질문을 던졌다.

"자, 여기 있는 사람들 중에 시골 할머니 집에 갔을 때 혼자 밤에 집에서 나와서 우물 쳐다보고, 거기 비친 자기 얼굴 보고 못 생겨서 깜짝 놀라서 돌아가다가 '잘못 봤나?'라는 생각이 들어서 다시 우물가서 얼굴 보고, 못 생겨서 다시 돌아가고, 가다가 또 잘못 봤나 싶어서 돌아오고... 이랬던 사람 있어? 없어? 그래 그럼 여기서는 이 남자가 병신인거야. 누가 이렇게 해?"

학생들은 대체로 이 선생님의 이런 말을 '유머'로만 받아들이고 웃고 넘어갔지만, 사실 학생들에게 재미를 주기 위해 내용을 단순화시켜 재미있게 포장했을 뿐 결국 이 선생님이 말하고자 했던 바는 배경이나 감정이 변화하는 대상인 중심 인물을 찾으라는 이야기였다. 결국 문제 출제도 중심 인물을 기준으로 출제된다.

이 시의 경우에는 '사나이'가 시적 화자이자 중심 인물이 될 것이고, 해당 인물의 반복되는 자아성찰에 따른 감정 변화가 주된 이야기가 될 것이다.

그대로 문제를 출제할 경우에는 단순해지기 때문에 당시의 시대적 상황인 일제강점기에 대한 보기를 하나 던져주고 이를 연관 짓는 문제가 나올 수도 있다. 그러나 결국 본질적으로는 '병신' 즉 중심 인물의 변화에 대한 문제라는 것은 변하지 않는다.

이런 식으로 그 국어 선생님은 무한에 가까울 정도로 다양한 문학 작품을 각각 다르게 접근하기보다는, '수능 문제'라는 특성상 작품이 달라지더라도 결국 나올 수 있는 문제는 정해져 있다는 점을 고려해 일관되게 접근할 수 있는 줄기를 우리에게 알려주기 위해 노력하셨다.

대부분이 유머로 포장되어 그저 '재미있는 선생님' 정도에 그쳤지만, 그 유머 속의 본질을 파악하고 이를 조금만 연습해보면 정말 문학 문제는 한없이 쉬워진다고 느껴질 정도였다.

여기서 나는 모두가 아는 당연한, 그러나 잊고 있는 수능의 특성 한 가지를 떠올렸다. 바로 수능은 60만 명이 보는 시험이고, 60만 명을 변별하는 시험이다. 그런 만큼 명확하고, 절대로 논란의 여지가 생기지 않도록 문제를 출제한다는 점이다. 당연한 얘기같지만, 시험을 보는 중에는 이런 생각을 떠올리기가 힘든데 이 생각을 떠올리는 것만으로도 헷갈리는 문제를 맞힐 수 있을 정도로 중요한 생각이다.

한글로 구성되어 있고 모든 단어도 다 알고 있는데도 학생들은 많은 국어 문제를 틀린다. 그리고 그 틀리는 과정을 자세히 살펴보면, '자기만의 논리'를 앞세워 틀린 답을 정답으로 고른 경우가 대부분이다. 수능은 명백할 수밖에 없는 시험이기 때문에, 자기만의 논리가 아니라, 그 누구에게 설명해도 동의할 수 있는 보기가 정답으로 인정되게 된다.

나는 수능 당일에 모든 문제를 풀고 15분이 남았고 그때 약간 헷갈리던 두 문제를 다시 검토했다. 하나는 비문학, 하나는 문학 문제였는데, 나는 문제를 다시 읽기 전 마음을 가다듬고 심호흡을 내쉬며 '그래, 이건 사설 문제집이 아니라 수능이야. 아까는 내 생각에 이상한 논리가 하나 개입되어서 헷갈렸던 거야. 정답은 누구나 동의할 수 있는 명백한 보기다. 아까의 생각을 비우고, 선입견이나 개인적 논리 없이 문제를 깨끗하게 바라보자.'라고 생각하며 문제를 다시 천천히 읽어보았다.

그러자 놀랍게도, 아까는 굉장히 헷갈렸던 선택지 2개 중 하나가 정답이라는 게 확실하게 보였다. 너무 쉬운 문제였다. 다만 그 전에는 정신없이 문제를 풀다 보니 나도 모르게 정답을 놓치지 않기 위해서 선택지 하나하나를 의심했고, 그 과정 속에서 이상한 논리가 개입된 것이었다.

그런 생각을 버리고, 마음을 비우고 명확한, 모두가 납득할 수 있는 선택지가 무엇인지를 고민하면서 문제를 다시 바라보자

너무나도 쉽게 정답이 보였다.

'아까 내가 이걸 왜 헷갈렸지?'라는 생각이 들 정도였다. 그렇게 헷갈리던 두 문제까지 모두 너무나도 쉽게 정답을 고를 수 있었다. 수능은 명확하다는 당연한 생각도 문제를 풀 때 적용하면 큰 도움이 된다는 것을, 나는 수능 당일에 다시 한 번 깨달았다.

❖ 수학 공부법

수학은 가장 극적으로 점수를 올린 과목인 동시에 수학의 중요성이 무엇보다 큰 이과 계열이었던 나에게 의대를 진학할 수 있도록 해준 과목이기도 하다. 그리고 다른 과목에 비해 포기하는 학생들, 일명 수포자의 비율이 가장 높은 과목이기도 하다.

그러나 나는 개인적으로 국어, 영어, 수학 중 수학 점수를 올리는 것이 가장 쉽다고 생각할 정도로 공부하는 것이 어렵지 않은 과목이다.

우선 3등급 후반~4등급 정도로 점수를 올리는 것은 정말 쉽다. 엄청난 문제 풀이량으로 밀어붙이는 '양치기'로 가능하다. 수학은 1~2등급까지 도달하기가 까다로운 과목이긴 하지만, 3~4등급 정도는 무작정 많은 문제를 풀어보는 것으로도 충분히 가능하다.

물론 나는 이 책을 읽은 여러분들의 목표가 단순히 3~4등급 정도가 아니라는 것을 알고 있다. 따라서 단순히 많은 문제를 푸는 것은 기본이고, 그 이외에 한 번 고려해볼 수 있는 나의 노하우를 말해보려 한다.

개념의 중요성

수학 개념이 무엇일까? 다들 수학 개념이 중요하고, 개념 공부를 열심히 해야 좋은 점수를 맞을 수 있다는 얘기를 귀에 딱지가 앉도록 들었을 것이다. 그러나 학생들에게 '수학 개념이 뭐야?'라고 물으면 정작 제대로 답할 수 있는 학생들이 없다. 그나마 답하는 학생들은 '수학 공식'이라는 말을 한다.

우선 그것부터 확실하게 해야 한다. 수학 개념은 단순히 수학 공식이 아니다. 수학 공식을 포함하는 훨씬 넓은 범위의 개념이다. 수학 개념은 수학 공식은 물론이고 모든 공식에 대한 증명(교과서에서 언급하는 공식에 한해) 그리고 교육과정의 구성까지 포함한다.

나도 고등학생 시절에는 공식이 곧 개념이고 개념이 곧 공식이라고 생각하던 시절이 있었다. 그리고 아무리 내가 공부를 못했어도 고등학교 3년 동안 항상 책상에 앉아 책을 뒤적거렸기 때문에 공식들은 웬만하면 많이 알고 있었다. 그리고 난 그걸 개념이라고 생각하고 있었다.

그랬던 내가 재수를 시작하고 수학을 깊이 공부하기 시작하면서 큰 충격을 받았다. 분명 공식은 모두 아는데, 완전히 새로운 학문을 배우는 듯한 느낌을 받았다. 이전에는 공식에 대한 증명은 그냥 이해를 위한 것일 뿐 쓸모 없다고 생각했었는데, 그렇지 않았다. 그러한 증명 과정에서 등장하는 식 조작 방법이나 영감들이 대부분 문제에 적용되는 것들이었다.

그리고 나중에 알게 된 것이지만, 실제로 수능에 출제되는 식 조작 문제들도 이전에는 '여기에서 이렇게 조작해야 한다는 아이디어가 나는 떠오르지 않는데 저 친구는 어떻게 생각했지?'라는 의구심이 들었었지만, 전부 직관적으로 떠오르는 영감에 의한 것이 아닌 공식에 대한 증명 등에서 언급되었던 부분들이었다. 나의 직관력이나 창의력이 부족해서가 아니라 꼼꼼하고 깊이 있는 공부가 이루어지지 않아 생긴 문제였던 것이다.

교육과정에 대한 내용도 마찬가지였다. 이전에는 수학은 그냥 단원 별로 공식이 나열되어 있는 형태라고 생각했는데, 알고 보니 그렇게 단순한 것이 아니었다. 교육과정은 굉장히 논리적으로 구성되어 있었다. 모든 순서에는 이유가 있었다. 앞의 개념이 완벽히 증명됐을 때 다음 단원의 공식을 설명할 수가 있는 구조였다. 고등학생의 나는 공부 자체를 꼼꼼하게 하지 않았기 때문에 그 깊은 뜻을 헤아리지 못했던 것이었다.

그리고 개념 공부를 할 때 주의할 점은 대부분 '어떤 개념이 있는지'만 공부를 하게 되지만, 사실은 '어떤 개념이 없는가' 도 알아야 한다.

개념을 조금만 틀어서 비슷하게 써놓아도 그것이 옳은지 그렇지 않은지를 판단할 수 있을 정도로 말이다. 그 이유는 바로 뒤에 이어질 문제 풀이 과정에서 본인도 모르게 개념에 있지 않은 내용을 '대충 이런 게 있겠거니~'라고 생각하며 직관적으로 문제를 풀게 되는 것을 방지하기 위해서이다.

내가 가르치는 학생들도 실제로 배운 적도 없는데 언뜻 보면 그럴싸해 보이는 방식들을 문제에 적용할 때가 많다. 그럴 때마다 학생에게 이런 거 배운 적 있느냐고 물으면 대답하지 못하면서, '왠지' 맞을 것 같아서 사용했다고 한다. 그리고 그렇게 푼 대부분의 문제는 틀리게 되어 있다. 어떤 개념이 있는지 그리고 없는 지까지 모두 완벽하게 공부해야 한다.

개념을 정말 열심히 공부해서 모든 것을 순서대로 줄줄 나열할 수 있는 수준이 되었다면 개념을 문제에 적용하는 연습을 해야 한다. 수학이라는 과목의 특성상 개념을 알았다고 해서 절대로 문제를 바로 풀 능력이 생기지 않는다.

따라서 대부분의 구성이 그러하듯, 쉬운 문제부터 난이도를 차차 올려가며 문제를 풀어가되 그냥 대충 공식을 활용하고 직관에 의존해서 푸는 것이 아니라, 정말 꼼꼼하게 공부한 개념을

활용해서 엄밀하게 풀어나가야 한다. 매번 해설지 수준의 풀이를 작성한다는 생각으로 말이다.

문제를 풀 때 야매(?)로 풀거나 그냥 단순히 직관이나 공식만을 이용해 기계적으로 문제를 풀어나가면 약간의 계산력 상승 이외에는 얻을 수 있는 부분들이 전혀 없다.

내가 쓰는 풀이가 철저하게 교육과정 내의 개념들에 의한 것인지 중간에 '그렇겠거니~'하며 푼 직관적인 부분은 없는지, 일말의 논리적 허점 없이 엄밀한 풀이인지를 끊임없이 검토해가며 풀어나가야 한다.

앞의 단계에서 개념 공부가 제대로 선행되었다면 본인의 풀이가 맞는 것인지 스스로 검토하는 것은 크게 어렵지 않을 것이다.

TIP노트 만들기

수학을 공부하다 보면, 비록 교육과정에서 언급하고 있는 공식이 아님에도 자주 쓰이거나 문제에 활용도가 높아서 공식화해 두면 편한 내용들이 있다.

이를테면 $y = a(x-\alpha)(x-\beta)$의 꼴을 가지는 이차곡선의 경우 x축과 이차곡선에 의해 둘러싸이는 공간의 넓이는 교육과정에서 배운 대로 적분을 이용하면 쉽게 구할 수 있다.

그러나 이차곡선과 직선으로 둘러싸인 공간의 넓이는 구할
일이 너무 많다. 문제를 푸는 과정 중간 중간 구할 일이 많은데
매번 적분을 활용하기에는 너무 시간이 낭비된다. 따라서 이런
경우에는 미리 형태의 이차곡선과 x축 사이의 공간 넓이를 계
산한 다음 공식화시켜서 노트에 적어둔다. 이 경우에 '넓이 값'
은 $\frac{|m|}{6}(\beta-\alpha)^3$ 이라는 값으로 나오게 될 것이다.

사실 공식이 아닌 단순한 계산 값이기 때문에 교육과정에서
따로 언급하는 부분은 아니지만 워낙 자주 쓰인다는 것을 경험
적으로 알게 된 이후에 시간 단축을 위해 공식화시켜 정리해두
는 것이다.

말하자면 필수적으로 해야 할 것은 아니지만 플러스 알파 +α
의 영역으로 개인적으로 굉장히 많은 도움을 받았다. 문제에 자
주 쓰이는 스킬들을 공식화하고 정리해 두는 것뿐만 아니라 나
중에 보아도 쉽게 쓰임새를 알 수 있도록 해당 스킬이 어떻게 활
용이 되는지 예시 문제와 풀이까지 적어 두었다.

물론 앞에서도 한 번 언급한 적이 있지만 수능 당일에는 최
소한의 꼭 필요한 도구만 들고 가야한다. 쓸데없이 많은 도구를
갖고 있으면 문제의 풀이 방향을 종잡지 못하고 헤매게 된다. 그
래서 과하게 지엽적인, 정말 특정 몇 문제에서만 사용될 수 있는

스킬들을 정리하는 것은 지양해야 한다. 교육과정에서 벗어난 아예 새로운 스킬도 마찬가지이다.

어차피 수능 시험은 철저하게 교육과정에 있는 개념들로 가장 깔끔하게 풀리도록 설계되어 있다. 나는 그저 그 길을 조금 더 빠르게 갈 수 있도록 자주 거쳐야 하는 과정들을 정리해두고 언제든 활용할 수 있도록 한 것이다.

수험생이라면 수단과 방법을 가리지 않고 수능을 잘 보기 위해서 노력해야 한다. 단순히 정답률을 높이는 것 말고도, 시간을 단축시키는 것도 하나의 방법이 될 수 있다.

21번, 29번, 30번 3개의 4점짜리 문제로 상위권과 최상위권이 변별되는 수능 수학 특성 상 나머지 27문제를 최대한 빠르게 풀고 3문제를 위한 시간을 최대한 남겨놓는 것이 최상위권으로 가기 위한 기본적인 전제 조건이다.

그래서 나는 그 수단으로 몇 가지 과정들을 압축하여 정리해두고 활용함으로써 적지 않은 시간을 벌 수 있었다.

처음부터 어려운 문제를 풀면 실력이 는다고 생각해서 준비되지 않은 상태로 저 3문제에 덤벼드는 학생들이 많았지만, 나는 욕심 부리지 않고 묵묵히 나의 공부를 하면서 기다렸다. 3문제를 위한 시간을 충분히 남기면서 나머지 27문제를 다 맞출 수

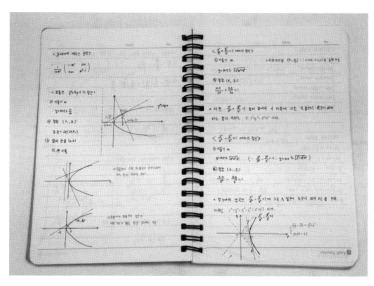

교육 과정 외의 다양한 팁들을 정리한 TIP노트

있는 수준이 되고 나서야 최상위권으로의 도약을 위한 공부를
시작했다.

최상위권으로 도약

21, 29, 30번 세 문제를 제외한 나머지 88점에서 100점까지
올리는 것은 하위권에서 88점까지 올라오는 것과는 또 다른 차
원의 노력을 필요로 한다.

사실 굉장히 답답한 단계이다. 88점을 맞을 정도면 어느 정

도 실력도 있고 많은 문제도 풀어봤지만 마지막 세 문제, 12점을 올리기가 그렇게 힘들 수가 없다.

이때부터는 푸는 문제의 양보다는 문제의 질을 올려가며 공부를 해야 한다. 무조건 많이 푼다고 그 세 문제를 맞출 정도의 실력이 길러지지 않는다. 그래서 이때부터 친구, 선생님들에게 조언을 구했다. 무작정 지저분하고 어려운 문제가 아닌, 정말 어려우면서도 논리적으로 설계된 문제가 있는 책들을 수소문했다.

나는 단순히 거기에서 끝내지 않았다. 뭐니 뭐니 해도 수험생에게 가장 가치 있는 문제는 평가원 기출 문제이다. 가장 논리적으로 설계된 문제이자 몇 십만 명의 수험생들에 의해 충분히 검증된 문제이다.

평가원 문제는 그만큼 좋은 문제이기 때문에 준비되지 않은 상태로 평가원 문제를 풀면 좋은 문제를 낭비하는 것 같았다. 좋은 문제는 한 번 풀어보는 순간 그 문제가 어느 정도 기억에 남기 때문에 나중에 내 실력이 궤도에 올라서 그 문제를 다시 풀어봤을 때 많은 것을 얻기가 힘들다.

그래서 어느 정도 실력이 생겼을 때 문제를 푸는 것이 평가원 문제를 가치 있게 활용할 수 있다고 생각했다. 다른 과목도 마찬가지였다.

그래서 평가원 문제를 최대한 아껴 두었다가 최상위권으로의 도약이 필요한 순간에 꺼내 들었다. 어차피 옛날 문제 중 유명한 문제들은 다른 책을 통해서 풀 수 있으므로, 최근 5년 치의 6월, 9월 모의고사와 수능 기출 문제를 준비한 다른 책들과 더불어 계속 반복해서 풀었다. 가장 필요한 순간에 가장 좋은 무기를 꺼내 들었다. 그렇게 결정적인 순간 무기를 꺼내기로 한 나의 결정으로 수능 수학 시험에서도 어려운 4점짜리 문제를 굉장히 쉽게 풀 수 있었다.

어휘력 향상

영어가 어려운 이유는 일단 한글 시험이 아니기 때문이다. 그래서 영어 성적을 중위권까지 끌어올리는 방법은 간단하다. 일단 단어를 많이 외우는 것이다. 많은 단어를 알면, 문장 구조가 상대적으로 복잡하더라도 어느 정도 의미를 파악할 수가 있다. 그렇다고 해서 단어장을 따로 구입하는 것을 추천하지 않는다.

수험생에게 가장 좋은 단어장은 무엇일까? 당연히 그 해의 수능에 나올 수많은 단어 중 내가 알고 있는 단어를 제외하고 모르는 단어들만 쏙쏙 골라 적어놓은 단어장이다. 그러나 현실적으로 그런 단어장은 없다. 시중에 나와 있는 유명한 수능용 단어장들도, 적중률을 높이기 위해 보다 더 많은 단어들을 실어 놓고 있다.

그러다 보니 학생들이 단어장을 볼 때 알고 있는 단어가 너무 많이 포함되어 있어 효율이 떨어진다. 거꾸로 수능에 나오기에는 좀 과할 정도로 지엽적인 단어들을 포함시켜 별 필요 없는 단어를 외우는 데 시간을 투자하게 만들기도 한다.

나는 단어장의 효율을 높이기 위해 스스로 단어장을 만들기로 했다. 따로 시간을 투자해서 만들기에는 시간이 아깝기 때문에 EBS 수능 연계 교재를 포함한 다양한 문제를 푸는 과정에서 모르는 단어가 나올 때마다 그때그때 문제집에 표시하고, 바로 뜻을 찾아 단어장에 적어두었다.

따로 시간을 내지 않아도 영어 공부를 하는 동안 자동으로 단어장에 단어들이 추가되었다. 그리고 그 단어장은 정말 내가 모르는 그러나 수능을 대비하는 문제집에는 쓰여 있는 단어들로만 구성되어 있었다. 남들에게 권장할 만한 단어장은 절대 못 되었지만, 나에게만큼은 시중의 그 어떤 단어장보다도 좋은 최고의 맞춤형 단어장이었다.

이 책의 앞쪽에서 이미 충분히 언급된 내용이지만 그 단어장도 따로 외우느라 시간을 허비하지 않았다. 식사 시간을 활용했다. 아침에는 따로 만들어 둔 국어 어휘와 사자성어 단어장을 봤고, 점심과 저녁에는 영어 단어장을 보았다. 그리고 모두가 알다시피 그렇게 누적된 효과는 엄청났다. 따로 단어 공부를 하지 않았음에도 수능 시험지에 내가 모르는 단어는 단 하나도 없었다.

독해력 향상

단어를 많이 알면 해석할 수 있는 문장이 늘어나지만 문장

내에 수식이 많아지고 구조가 복잡해지면 제대로 문장을 해석하기가 까다로워진다.

그리고 결정적으로 어려운 점은 한국말과 다른 영어의 어순이다. 일단 기본적으로 우리의 모국어는 한국어이기 때문에 아무리 간단한 문장이라도 우리 머릿속에서는 다음과 같은 과정을 거쳐 뜻을 인지하게 된다.

I like red apple.

→ 나는 좋아한다 빨간 사과

→ 나는 빨간 사과를 좋아한다.

물론 이것은 간단한 문장이기 때문에 위의 과정이 거의 인지하기 힘들 정도로 빠르게 바로 의미가 전달되지만, 문장이 복잡해지면 이 과정이 쉽게 이루어지지 않는다.

단어를 다 알면 첫 단계는 가능하지만, 문장이 복잡하면 어순을 재배열해서 뜻을 제대로 인지하는 게 쉽지 않다.

그럼 우리의 목표는 머릿속으로 빠르게 어순을 재배열해 뜻을 인지하는 것이다. 이걸 위해 내가 개인적으로 시도했고 큰 효과를 본 공부법이 있다. **굉장히 번거롭고 귀찮지만 효과는 확실한 방법이다.**

1. 우선 문제를 풀어나가며 해석이 어려운 지문이나 특정 문장들을 모두 체크해 둔다.

2. 채점이 끝난 이후 틀린 문제를 분석해서 만약 해석을 잘못해서 틀린 문제라면 해당 문제도 체크한다.

3. 해석에 어려움이 있던 지문과 문장들을 하나씩 보고 연습장에 문장을 해석해서 써본다. 단, 이때 중요한 것은 '한글 어순'으로, 마치 해설지에 있는 해석된 문장을 쓴다는 생각으로 한글 문장을 써야 한다. 우리는 영어 문장을 머릿속으로 빠르게 한글 문장으로 전환하는 연습을 하는 것이기 때문에 모든 어순 배열은 쓰지 않고 오직 머릿속으로만 진행해서 연습장에는 완성된 형태의 한글 문장만 적는다.

4. 해설지를 보고 나의 문장과 비교해본다. 해설지와 비교했을 때 내가 올바른 방식으로 해석했다면 해결했다는 표시를 해둔다. 만약 다르다면 선생님이나 영어 잘하는 친구에게 해당 문장을

적절하게 분리하고 해석하는 법을 물어보고 나의 잘못된 점을 파악하고 이를 지문에 표시한다.

5 나중에 해당 문제집을 복습할 때 효율을 높이기 위해 표시가 되어 있는 부분들을 위주로 다시 한 번 해석해 보며 제대로 해석할 능력이 생겼는지 확인해본다.

6 만약 다시 해석을 틀리게 했다면 다시 위의 과정을 반복한다.

굉장히 귀찮고 시간도 많이 걸리는 방법이다. 나 역시도 이렇게 공부해서 독해력을 상당히 올렸지만, 과연 이 방법으로 인한 것이었는지 아니면 다른 방법에 의한 독해력 향

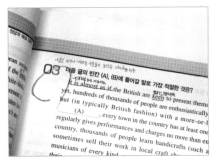

맞은 문제도 어려움을 느낀다면 문제 옆에 궁금한 점을 적어놓고 복습에 활용한다.

상이었는지 사실 확신하기 힘들었다. 그러나 경험을 통해 이 공부법이 효과가 있음을 확신하게 되었다.

내 옆자리에 앉아서 함께 선의의 경쟁을 하던 친구를 기억할 것이다. 재수생활의 절반 정도가 지나고 내 영어 성적이 잘 나오

기 시작하자 그 학생 말고도 영어 점수에 부족함을 느끼던 학생들이 내게 영어 공부법을 물어보았다. 나는 모든 학생들에게 똑같이 위의 공부법을 알려주었다.

그러나 너무 번거롭고 귀찮은 나머지, 모든 학생들이 그냥 고맙다고 말만 하고 실천하지 않았다. 내 옆자리에 앉은 단 한 명의 친구만 제외하고 말이다. 검증되지 않은 개인적인 공부법을 알려준 내가 너무 부담스러울 정도로 그 학생은 나를 신뢰하고 열심히 위의 과정을 반복했다.

어려운 문장이 나오면 바로 연습장을 꺼내 들고, 그 문장뿐만 아니라 해당 지문 전체의 해석을 적고 검토했다. 잘 해석되지 않는 부분이 있을 때마다 나에게 조용히 연습장을 내밀었고, 나는 잘못된 부분을 수정해주었다. 이 과정을 반복한 결과 영어에서 60~70점대를 전전하던 그 학생은 수능에서 영어 100점을 맞을 수 있었다.

좋은 공부법과 도움 되는 것은 아무리 작은 것이라도 전부 수용하고 흡수하려던 그 학생의 마음가짐이 이뤄낸 아름다운 결과였다.

문법 공부법

수능 영어에서 문법 문제가 그렇게 큰 비중을 차지하지는 않는다. 애매하다. 따로 공부하기에는 아깝기도 하지만 많은 학생들이 비교적 쉽게 맞추는 만큼 절대로 틀려서는 안 되는 부분이기도 하다.

나는 일단 기본적으로 문장을 독해하는 과정에서 문법이 자연스럽게 익혀지는 부분이 적지 않다고 생각한다. 계속 문장 구조를 분석하고 해석해보며 그 과정에서 틀리는 부분을 확인하고 피드백 하는 과정을 통해 머릿속에 있던 잘못된 문법 지식들이 사라지고 올바른 문장과 문법에 대한 지식만 남게 된다. 따라서 우선적으로 독해 연습을 꾸준히 하는 것이 문법 실력에 있어서도 가장 중요하다.

그러나 간혹 일반적인 문장에서는 많이 쓰이지 않기 때문에 문법적 지식을 따로 필요로 하는 문제들이 출제되기도 한다. 나는 이것도 크게 시간을 들이지 않고, 수업 시간에 전부 해결했다.

이미 예습해간 지문들이기 때문에 문법적으로 익숙하지 않은 부분들을 체크해 뒀고, 선생님이 수업하실 때 잘 듣고 필기를 하였다. 나중에 몇 번 복습하며 문법 지식들을 익혀 뒀다. 선생님이 해당 부분을 수업하지 않으시면 질문을 해서 어떻게든 수업 시간 내에 답을 얻어냈다.

문법은 모두 문장을 올바르게 해석을 하기 위한 규칙들이다. 따라서 끊임없이 올바른 해석을 하기 위한 노력과 예습, 수업 시간의 질문 등을 잘 활용한다면 큰 시간을 들이지 않고 많은 지식을 익힐 수 있을 것이다.

듣기 향상

영어 듣기를 어려워하는 학생들도 간혹 있다. 비록 전반적인 난이도는 독해 문제보다 쉽지만, 영어 듣기도 절반에 가까운 점수가 배당되어 있기 때문에 일단 다 맞춘다는 생각으로 철저하게 준비해야 한다.

영어 듣기는 꾸준하게 들어주는 게 감을 잃지 않고 실력을 늘리는 데에 도움을 주기 때문에, 많은 학교에서 고등학교 3학년을 대상으로 점심시간에는 영어 듣기를 실시한다.

나는 단순히 그 정도에 그치지 않고 좀 더 역치를 올렸다. 수능과는 무관하지만 서울대학교에서 출제하는 TEPS 시험을 전에 잠깐 공부해본 적이 있었는데, TEPS의 경우 수능과는 비교할 수 없는 수준의 난이도를 자랑한다. 특히 듣기에서는, 그야말로 차원이 다른 영역이다. TEPS를 잘 준비하지 않은 채로 시험을 보러 갔다가 듣기를 알아듣지 못해 시험장에서 내내 졸았던 기억이 있을 정도이다.

자주는 아니고, 한 번씩 시간이 날 때마다 나는 TEPS 듣기 평가로 듣기 연습을 했다. 당연히 처음에는 잘 들릴 리가 없다. 그러나 계속 조금씩 끊어가며 듣다 보니 점점 들리는 문장이 늘어났다. 실제로 TEPS 시험 문제를 풀 수 있을 정도로 열심히 들은 건 아니다. 그건 수능 듣기 평가에 비해 너무 과했다. 그냥 듣는 귀 자체를 단련시키는 용도로만 사용했다.

그렇게 듣기 대본과 대조해가며 계속 어려운 TEPS 듣기를 연습하다가 수능 영어 듣기를 들으면, 슬로우모션으로 세상이 흘러가는 것처럼 굉장히 느리게 들렸다. 수능 듣기만 매일 연습했다면 속도에 적응도 되고 듣기 실력도 늘긴 했겠지만, 훨씬 빠르고 어려운 TEPS 듣기를 병행하니 수능 듣기에 대한 체감 난이도가 수능 듣기만 연습했을 때와는 비교도 안 될 정도로 급락했다.

수능 듣기는 꾸준함을 기본적으로 전제한다. 이후에 여유가 있다면 한 번씩 TEPS나 다른 어려운 영어 시험의 듣기 평가로 귀를 단련시켜준다면 수능 영어에서 손쉽게 48점을 획득하고 시작할 수 있을 것이다.

❖ 과학탐구 공부법

　과학탐구 공부법을 시작하기에 앞서 과목을 선택하는 탐구 과목의 특성상 나에게 어떤 과목을 선택했냐고 물어보는 학생들이 많은데, 그 학생들에게 그건 전혀 중요하지 않다고 말해주고 싶다. 내가 수능을 볼 때까지만 해도 화학1이나 생명과학1 과목이 가장 인기 있는 과목이었지만, 몇 년이 지난 지금은 여러 가지 이유로 지구과학1이 가장 인기 있는 과목이 되었다.

　이렇게 계속 상황도 변하고, 무엇보다 본인이 꾸준히 공부하기 위해서는 어느 정도 흥미가 있는 과목을 선택하는 것이 좋다. 나는 그냥 남들이 모두 선택해서이기도 했고, 물리나 지구과학보다는 재미있다는 단순한 이유로 화학1과 생명과학1을 선택했었다. 과학탐구든 사회탐구든 과목 선택은 전적으로 학생의 몫이다. 재미 때문일 수도 있고 성적을 잘 받기 위해서 일수도 있다.

　탐구 과목마다 특성이 달라 효율적으로 공부하는 방식이 약간씩 다르겠지만, 큰 틀에서는 비슷한 성격을 갖고 있다. 결국 가장 중요하다고 생각하는 탐구 공부법은 '단권화'이다.

　탐구 과목은 다른 과목에 비해 암기의 비중이 높다. 기본적으로 모든 내용을 암기하고, 문제에서 어떻게 다르게 표현되는

지를 보기 위해 많은 문제를 푼다. 30분이라는 짧은 시간동안 20문제를 풀어야하는 과목의 특성상 속도를 높이기 위해 여러 가지 유형을 접하며 문제 푸는 스킬들을 익혀나가는 과목이다. 나는 이런 과목의 특성을 이용해 수능 전 짧은 시간동안 점수를 엄청나게 올릴 수 있었다.

다만 기본적으로 '모든 내용에 대한 철저한 암기'가 전제되어야 한다. 개념을 얕게 공부한 학생들은 다 아는 것 같아도 표현이 조금 달라지면 바로 틀린다. 나는 내가 문제를 하나 틀릴 때마다 내가 틀린 이유를 분석하고 전부 한 권의 책에 옮겨 담았다.

내가 선택한 책은 특별한 책이 아니라, 이 책에서 가장 자주 언급하고 있는 EBS 《수능특강》이었다. 《수능특강》은 적절한 양의 개념이 실려 있다. 너무 자세하지도, 너무 간단하지도 않다. 그래서 개념을 잘못 알았거나 표현이 헷갈리는 부분이 있을 때마다 더 자세한 개념서나 다른 책의 해설을 찾아서 《수능특강》 개념 부분의 여백에 추가로 적어놓거나 포스트잇에 적어서 붙여놓았다.

그렇게 시간이 지나자 모든 수험생에게 있는 그 흔한 《수능특강》이 세상에 단 하나뿐인 나만의 《수능특강》이 되었다. 내가 헷갈릴 수 있는 표현들과 문제의 유형, 개념이 부족한 부분에 대한 보충 설명까지 모두 한 권에 적혀있었다.

수능을 앞둔 시점에서는 공부하다가 헷갈리는 게 나오면 다른 책은 볼 필요가 없었다. 나의 모든 것을 정리해 둔 단권화가 완료된 《수능특강》이 있었기 때문이었다. 지식이 이곳저곳 흩어져있지 않아 효율적이었고 복습하기에도 용이했다.

이후는 여러분이 아는 대로이다. 짧은 시간에 수많은 문제를 풀었고, 모든 오답과 질문을 모아 수능을 앞둔 시점에 맞춤형 수업을 두 번 정도 받았다. 그리고 가장 부족한 부분들을 노트에 정리해서 수능날 가져갔다.

탐구를 공부했던 나의 가장 큰 노하우는 '단권화'이다. 여러분의 모든 지식과 부족함을 책 한 권에 정리해나가다 보면, 그 어떤 개념서보다도 완벽한 여러분만의 교과서가 완성되어 있을 것이다.

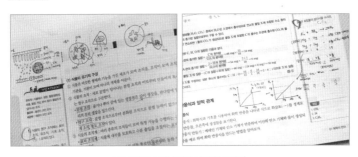

모든 지식을 단권화한 나만의 교과서

노력의 힘은
결코 배신하지 않는다

요즘에는 대학 실시간 합격 예측 프로그램부터 다양한 설명회까지 입시에 대한 정보가 넘쳐나는 세상이지만 과거에는 정보가 부족해서 서울대학교 입학 정원이 미달된 적도 있었다고 한다. 사실인지는 확인하지 못했지만 당시 형편없는 점수로 운 좋게 서울대학교 법과대학에 입학했던 학생들은 결국 공부 과정을 버텨내지 못하고 자퇴했다는 이야기를 들은 적이 있다.

가끔 이 경우와 비교해서 의문을 갖고 질문하는 사람이 있다. 전교 1등을 안 해본 사람들이 없을 정도로 괴물 같은 성적의 의대생들 사이에서, 전교 꼴찌까지 했던 사람이 버틸 수 있느냐고. 나도 물론 입학할 때 이런 것들에 대한 두려움을 느꼈다. 의대마다 다르겠지만 우리 학교 같은 경우에는 수시에서 꼴찌로 입학하는 학생조차 1.1대의 내신점수의 그야말로 엄청난 실력을 갖고 있는 학생들이다.

반면 나는 고등학교 3년 동안 배운 수많은 과목들 중 겨우 1학년 1학기에 단 한 번, 한 과목에서 1등급을 받았을 정도로 그들이 쌓아온 노하우나 내공에는 감히 대적할 수가 없다. 거기에다가 의대 공부는 단기간에 많은 양을 소화해 내야하는 내신형 공부여서 이해와 응용을 장기간 계획적으로 반복하며 문제에 적용하는 수능 공부와는 전혀 다르다.

솔직하게 말하면 처음에는 나도 공부에 어려움을 느꼈다. 예과 때 배우는 해부학, 면역학, 유기화학 등 기초의학은 나에게 너무나도 어려웠다. 제대로 내신 공부를 해본 경험이 없는 나로서는 짧은 시간에 많은 양을 해내야 하는 공부의 계획을 어떻게 짜야 하는지, 어떻게 공부해야 하는지 조차 감이 오지 않았다.

게다가 흥미가 떨어지는 어려운 과목들은 성적이 좋을 리가 없었다. 약 60여명의 인원 중 4등으로 입학했지만 첫 학기에는 꼴찌를 했다. 어디에서 많이 들어본 이야기가 아닌가? 전교 3등으로 입학했지만 성적은 점점 떨어져서 결국 꼴찌까지 했던, 나의 고등학교 시절말이다. 그러나 고등학교 때의 부진을 나는 재수를 통해서 완벽히 이겨냈고 오히려 전세를 크게 뒤집기까지 했다. 그 과정에서 많은 고통과 시련이 있었지만 견디고 극복해냈다.

이번에도 마찬가지이다. 분명히 다른 의대생들과 나는 공부한 기간의 차이만큼 내공이나 노하우의 차이가 있을 수밖에 없음을 인정한다. 결코 그것을 부정할 수는 없다. 재수 때와 마찬가지로, 스스로의 위치를 인정하는 것부터 시작했다. 그러나 나는 다시 한 번 도전할 것이다. 수많은 공부를 소화하기 위해 새로운 방법들을 적용해 볼 것이고, 남들과 같은 시간을 공부해서는 안 된다면 공부시간을 늘릴 것이다. 계속 더 효율적인 방법을 위해 고민하고 노력할 것이다.

최하위권으로 시작했던 의대 첫 학기였지만, 의대 생활의 절반 정도가 지난 현재 나는 중위권~중상위권 정도의 성적을 받는 학생으로 발전했다. 비록 아직은 다른 학생들과의 격차를 좁히기에는 부족한 수준이지만, 이 정도를 나의 한계로 단정 짓지 않고 끊임없이 노력할 것이다. 이전에 이루어 낸 것처럼 말이다.

누구에게나 어려움은 오고 시련은 닥친다. 마치 모든 어려움을 이겨낸 사람처럼 책을 쓰고 있는 나에게도 왔고, 아마 이 책을 집어든 여러분에게도 닥쳤을 것이다. 그러나 그것을 자신의 한계로 단정 짓고 포기하는 사람과, 본인의 잠재력을 믿고 더 발전하고 나아가기 위해 노력하는 사람은 엄청난 결과의 차이가 있을 것이다.

결과적으로는 설령 원하는 만큼의 차이를 만들어내지 못했다고 하더라도, 분명히 그 과정 속에서 본인은 엄청난 성장을 할 것이며 이 경험의 힘으로 나중에 다른 큰 어려움이 닥치더라도 이겨낼 수 있는 밑거름이 될 것이다.

내가 재수를 통해 얻은 가장 큰 것은 바로 노력의 힘을 알게 되었다는 것이다. 사람에 따라 오래 걸리기도, 금방 이루어지기도 하겠지만 남들보다 더 노력을 한다면, 결국 그것은 어떤 방향으로든 보상이 된다는 강한 믿음이 생겼다. 그 믿음을 바탕으로, 나는 오늘도 매일매일 다가오는 크고 작은 어려움들을 이겨내기 위해 여러분과 함께 노력해 나가고 있다.

이런 경험의 기억이 사라지기 전에 나는 입시라는 고난을 장벽으로 여기고 자신의 꿈을 포기하려는 많은 사람들에게 다시 꿈을 향해 달려갈 수 있는 힘을 주고 싶다. 의사가 되기 전에 학생으로서 누군가에게 힘이 되는 일을 할 수 있다는 건 개인적으로도 큰 의미가 있다.

나는 의사를 꿈꾸는 학생 중 한 명으로 살아가고 있다. 어릴 적 공부를 안 하는 대신 관심을 가졌던 영상편집 기술을 활용하여 때마침 영상매체의 힘이 커지는 시대에 많은 사람들에게 희망을 줄 수 있었고, 이를 좀 더 구체화할 수 있는 기회가 생겨서 이렇게 책까지 쓰게 되었다. 솔직히 말하면 내가 의대를 진학한 그 순간에는 '이게 뭐 그리 대단한 건가? 그냥 노력하면되는 건데, 나만큼 노력하는 사람이 없는 거지.'라는 다소 재수 없어 보일 수 있는 생각도 했었다.

그러나 과외, 멘토링 활등 등을 통해 학생들을 만나고 가르치는 과정을 거듭할수록 그 '노력'이라는 것이 얼마나 어렵고 힘든 것인지를 알게 되었다. 그리고 단순히 방법을 안다고 할 수 있는 것이 아니라는 것도 깨달았다. 재수 생활의 모든 것을 학생들에게 가르쳐 주어도 본인이 의지를 갖고 실천하지 못하면 아무 의미가 없었다. 그때부터 나의 재수생활이 얼마나 힘든 것이었는지, 왜 내가 재수학원 하위권 계열 반에서 유일한 의대 진학생이었는지를 알게 되었다.

지금까지 이 책을 읽은 여러분에게 나의 노력과 그 노력 안에서 얻은 노하우를 최대한 전달하기 위해 노력했다. 이 노력이 여러분에게 오롯이 전달되어 독자들 중 단 한 명이라도 포기하려던 꿈을 다시 붙잡고 간절한 마음으로 노력해서 그 꿈을 꼭 이뤄내길 바란다. 그 한 명이 바로 당신이길....

전교 꼴찌,
270일 만에
의대생이 된
공부 비법

펴낸날 초판 1쇄 2019년 10월 18일
          9쇄 2022년 5월 27일

지은이 김현수

펴낸이 강진수
편 집 김은숙, 유승현
디자인 임수현

인 쇄 (주)사피엔스컬쳐

펴낸곳 (주)북스고 **출판등록** 제2017-000136호 2017년 11월 23일
주 소 서울시 중구 서소문로 116 유원빌딩 1511호
전 화 (02) 6403-0042 **팩 스** (02) 6499-1053

ISBN 979-11-89612-37-5 13370

책 출간을 원하시는 분은 이메일 booksgo@naver.com로 간단한 개요와 취지, 연락처 등을 보내주세요.
Booksgo는 건강하고 행복한 삶을 위한 가치 있는 콘텐츠를 만듭니다.